Diana-Isabel Scheffen   Andrea Tuschka

Das Lehrer-Kochbuch

Damit der Gang zur Tafel wieder Spaß macht!

Impressum

Idee, Rezepte & Text: Andrea Tuschka und Diana-Isabel Scheffen
Illustration: Michael Jastrzembski

Lektorat, Buchsatz & Covergestaltung:
Pfeffer & Stift GmbH – Nachhaltige Agentur für Text, Gestaltung und Publishing
www.pfefferundstift.de

Druck und Weiterverarbeitung:
Druckerei Fehrle, Freiburg. www.druckerei-fehrle.de

Klimaneutral gedruckt auf 100 % Recyclingpapier mit Ökostrom der Bürger Energie St. Peter eG. Aktuell unvermeidbare Emissionen (1029 kg CO_2) wurden über ClimatePartner kompensiert: www.climatepartner.com/11626-1811-1007

ISBN: 978-3-942733-65-6
Paperback-Ausgabe
1. Auflage 2018

Auch als E-Book verfügbar.

(Originalausgabe ist 2017 als Spiralbindung erschienen: ISBN 9783942733-58-8)

Vorwort

Schule geht durch den Magen!

Ein knurrender Magen ist bekanntlich mindestens so schlimm wie eine Schulklasse außer Rand und Band. Und in beiden Ausnahmesituationen hilft mitunter eine kleine Stärkung.

Dass Lehrer richtig gut kochen und dabei sogar ihr fachliches Wissen einsetzen können, zeigen wir in diesem einmalig unterhaltsamen Kochbuch: Auf aufwändig illustrierten Seiten präsentieren wir für rund 20 Schulfächer von Mathe, Deutsch und Englisch bis hin zu Philosophie und Sport leckere Rezepte für Vor-, Haupt- und Nachspeisen: Fisch- und Fleischgerichte, vegetarische Gerichte, Süßspeisen, Kuchen, Suppen, Salate, Fingerfood und mehr.

Jede Rezeptbeschreibung ist fein mit Wortwitz und Ironie gewürzt und sprachlich an wichtige Inhalte des jeweiligen Schulfaches angelehnt. Schmunzeln und Mitdenken sind gefragt – und natürlich aktive Mitarbeit: So findet sich im Fach Deutsch eine Gerichtinterpretation, in Mathe eine Textaufgabe und in Religion eine Rezeptbeschreibung in Form der Zehn Gebote. Nicht zu vergessen die Fingerfood-Rezepte am Ende des Buches, die ideal dafür geeignet sind, geplagten Lehrkräften die manchmal zähen Konferenzen kulinarisch zu verkürzen.

Wir haben unsere Hausaufgaben übrigens gemacht: Alle Rezepte wurden auf ihrem Weg zur Kochbuch-Reife ausgiebig probegekocht, verfeinert und (teils unangekündigten) Geschmackstests unterworfen. Am Ende stand ein „sehr gut" bei der Kopf- und Magen-Note – und die Versetzung an die gedeckte Tafel.

Viel Spaß beim Lesen und Nachkochen wünschen

Andrea Tuschka &
Diana-Isabel Scheffen

Die Idee

Die Autorinnen kamen zum Lehrerberuf wie die Jungfrau zum Kinde: Sie lernten sich beim gemeinsamen Magister-Studium an der Universität kennen, das sie eigentlich gerade nicht für den Schuldienst vorbereitete. Und dennoch fanden sich beide als Lehrerinnen an derselben Schule mit derselben Fächerkombination wieder und unterrichteten engagiert mehrere Jahre Englisch und Deutsch. Die Idee zum Lehrer-Kochbuch entstand auf einem gemeinsamen Kollegiumsausflug. Einige Zeit reifte das Projekt in ihren Köpfen, bis sie sich an die Umsetzung wagten – zu diesem Zeitpunkt hatten sie den Lehrerberuf schon wieder an den Nagel gehängt. Das Kochen aber nicht!

Inhalt

Die Rezepte

Matjes mit √-Gemüse

Spickzettel für 4 Kopfrechner mit knurrendem Magen:

- 3 Äpfel
- 2 Schalotten
- 4 Radieschen
- 1 Zitrone
- je ½ Bund Schnittlauch, Petersilie und Dill
- 4 Matjes-Filets
- 1 Becher Crème fraîche
- 1/2 Glas eingelegte Rote Bete
- 1/2 Glas saure Gurken

Dazu passt:
die Addition von Salzkartoffeln

Textaufgabe 1 (5 Punkte):
Frau Schmitz geht einkaufen. In der Obst- und Gemüseabteilung legt sie 10 Äpfel, 2 Schalotten, 2 Radieschen, 1 Zitrone, je ½ Bund Schnittlauch und Petersilie sowie Dill in ihren Einkaufswagen. Nicht alle Äpfel sehen gut aus: Also legt sie 7 wieder zurück ins Regal. Aber 2 Radieschen sind doch zu wenig: Also verdoppelt sie deren Anzahl. An der Fischtheke bestellt Frau Schmitz 5 Mat(h)jes-Filets. Da fällt ihr ein, dass ihr Mann auf Diät ist und sie lässt die Verkäuferin davon eins wieder weglegen. An der Kühltheke greift sie nach einem Becher Crème fraîche. Danach besorgt sie noch ein Glas eingelegte Rote Bete und ein Glas Gewürzgurken für das Abendessen. Nun eilt sie zur Kasse.

Frage: Wann schließt der Supermarkt?

Textaufgabe 2 (10 Punkte):
Frau Schmitz beginnt um 19:00 Uhr mit der Zubereitung der Mat(h)jes mit Wurzelgemüse. Dazu schneidet sie die Äpfel, die Schalotten, die Radieschen, die Gewürzgurken (1/2 Glas) und die Rote Bete (1/2 Glas) in kleine Würfel (Kantenlänge $a \leq 2$cm). Pro Zutat braucht sie im Schnitt fünf Minuten.

Die Crème fraîche verfeinert Frau Schmitz mit klein gehackter Petersilie, Dill und Schnittlauch und würzt mit Salz, Pfeffer und Zitronensaft. Da sie jetzt in Fahrt ist, braucht sie hierfür die Hälfte der Zeit des ersten Schritts. Nun vermengt Frau Schmitz die im ersten Schritt kleingeschnittenen Zutaten und arrangiert sie neben den Mat(h)jes-Filets auf Tellern. Sie garniert ihr Gericht mit einem Klecks Crème fraîche; die restliche Crème fraîche stellt sie in einer Schüssel dazu. Für diese Tätigkeiten braucht Frau Schmitz nochmals viereinhalb Minuten. Zufrieden schaut sie sich das Ergebnis an und ruft ihren Mann und den Sohn zum Essen.

Frage: Wann isst Familie Schmitz zu Abend?*

*Da die Antwort auf alle Fragen 42 ist: um 19:42 Uhr.

Dreisatz

Zutaten für 4 Vor-Rechner vorneweg, damit die Rechnung aufgeht:

- 1 Becher Schlagsahne
- 150 g Ziegenfrischkäse
- Schnittlauch
- Koriander
- 1/2 Knoblauchzehe
- 1 Baguette

Dazu passt:
1/4 l Rotwein

Satz 1:
4 EL Schlagsahne unter 150 g Ziegenfrischkäse rühren und jeweils 1 EL frischen, klein geschnittenen Schnittlauch und Koriander untermischen.

Satz 2:
Nun ½ Zehe Knoblauch schälen, klein schneiden und untermengen.

Satz 3:
Ein Baguette klein schneiden und mit dem Dip bestreichen.

Gerichtinterpretation

Für 6 Hungrige, die sich auf Kürbis und Eintopf einen Reim machen können:

- 1 großer Butternusskürbis, ca. 850 g (alternativ: Hokkaido)
- 150 g Staudensellerie
- 150 g Lauch
- 150 g Möhren
- 3 Zwiebeln
- 2 Knoblauchzehen
- 250 g Kichererbsen
- 1 Liter Gemüsebrühe
- Bohnenkraut (getrocknet)
- 2 Zweige Rosmarin
- 200 g Schmand
- 5 EL Olivenöl
- 3 TL Sesam
- 1-2 EL Honig
- Salz
- Pfeffer

Dazu passt:
zum Nachtisch eine süße Schillerlocke

(Einleitung)
Das Gericht „Kürbiseintopf", das der deutschen Moderne zugeordnet werden kann, handelt von einer geschmacklichen Verführung. Es wurde von einem Sternekoch ersonnen und beschreibt die Begegnung eines großen Butternusskürbisses mit Staudensellerie, Lauch, Möhren, Zwiebeln, Knoblauchzehen, Kichererbsen, Gemüsebrühe, Bohnenkraut, Rosmarin, Schmand, Olivenöl, Sesam, Honig, Salz und Pfeffer. Diese Begegnung lässt den Leser auf einen vielversprechenden Ausgang hoffen.

(Hauptteil)
Das Gericht besteht aus vier Strophen, die einem regelmäßigen Reimschema folgen. Dies unterstreicht die Gleichwertigkeit der einzelnen Komponenten und spiegelt die Harmonie der Komposition wider.
Die erste Strophe beschreibt wie der Sellerie, die Möhren und der Lauch gewaschen und fein gewürfelt werden. Der hier gewählte Paarreim betont die Ebenbürtigkeit der Zutaten, denn die Zwiebeln und der Knoblauch werden ebenfalls gewürfelt.

In der zweiten Strophe wird beschrieben, wie die Kichererbsen langsam über der Spüle abtropfen. Der Kürbis wird entkernt und in ca. 2 cm große Stücke geschnitten. Hier wird durch die Wortwahl hervorgehoben, dass der Kürbis den Mittelpunkt – den „Kern" – des Gerichts bildet.

In der folgenden Strophe wenden wir uns zunächst vom vorherigen Geschehen ab. Dieser inhaltliche Wechsel wird formal durch die Verwendung eines anderen Versmaßes gekennzeichnet und betont. Es wird geschildert, wie der Rosmarin klein gehackt wird, und anschließend mit dem Sesam in einem Topf mit etwas heißem Öl verschwindet. Nachdem die Ingredienzien angedünstet wieder dem Topf entnommen werden,

werden sie mit Salz und Pfeffer dem Schmand untergerührt und kalt gestellt.

Die letzte Strophe bildet die Klimax des Gedichts, da hier fast alle Zutaten vereint werden. Auch in diesen Zeilen untermalt der Paarreim deren harmonische Verbindung. In der Strophe wird beschrieben, wie der Kürbis kurz scharf angebraten und dem Topf dann zunächst wieder entnommen wird. Dann werden die Zwiebeln angedünstet. Es folgen die Möhren, die den Topf mit den Zwiebeln für ca. zwei bis drei Minuten teilen. In der nächsten Zeile kommen bereits Knoblauch, Sellerie und der Lauch hinterher.

Die Strophe beschreibt, wie auch der Kürbis dem weich gedünsteten Potpourri wieder hinzugefügt wird. Es folgt eine Aufzählung, die erahnen lässt, dass wir uns kurz vor der Vollendung befinden. Der angesetzte Gemüsefond, die Kichererbsen, das Bohnenkraut, der Honig sowie Salz und Pfeffer werden hinzugefügt und runden das schmackhafte Gericht ab.

Die letzte Strophe umfasst deutlich mehr Zeilen als die ersten. Dies steht wiederum in Einklang mit dem Gerichtinhalt, da beschrieben wird, wie alles auf mittlerer Stufe noch ca. 30 Minuten weitergaren muss.

(Schluss)

Schlussfolgernd lässt sich festhalten, dass die Form und der Inhalt die zu Beginn der Gerichtinterpretation aufgestellte These bestätigen, dass das Zusammentreffen der Zutaten zu einem fruchtbaren und schmackhaften Ergebnis führt. Serviert mit dem Rosmarin-Sesam-Schmand ist dieses Gericht in der Tat dafür geeignet, jemanden zu verführen.

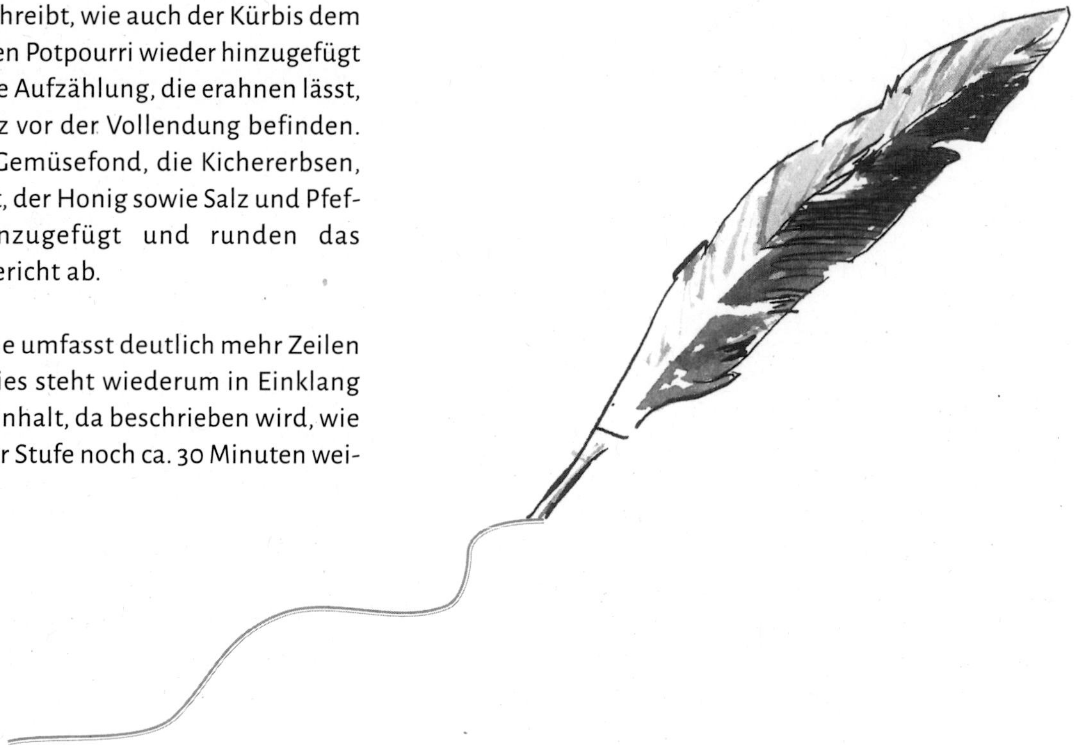

Sterntaler. Oder: Von einem, der auszog das Backen zu lernen

Der verwunschene Einkaufszettel für ein märchenhaft gutes Blech Kekse:

- 100 g Pinienkerne
- 1 Ei
- 150 g Butter
- 275 g Mehl
- 125 g Puderzucker

Dazu passt:
eine Tasse Tee aus dem Hexenkräutergarten

Es war einmal ein Junge, dessen Eltern einen alten Gasthof besaßen. Der Winter war hart und immer weniger Gäste fanden den Weg durch die Schneemassen dorthin. Abends saßen die Eltern oft zusammen und zählten das wenige Geld. Es blieb ihnen kaum noch genug übrig, um die Zutaten für ihre Gerichte zu kaufen. Eines Abends, als die Mutter die Küche lüftete, wehte ein Windstoß das alte Keksrezept der Großeltern auf den Schoß des Jungen. Er erinnerte sich, wie die Kekse den Gasthof vor einigen Jahren über die Grenzen hinaus bekannt gemacht hatten.

Seine Mutter stand damals oft bis spät abends in der Küche. Dann zog immer ein magischer Geruch von den ohne Fett in der Pfanne gerösteten Pinienkernen durch das Gasthaus. Etwa 20 legte sie beiseite. Wenn seine Mutter die Übrigen dann anschließend zerkleinerte, wachte er jedes Mal auf. Manchmal schlich er sich dann in die Küche, sah sie ein Ei trennen und anschließend das Eigelb mit der Butter, dem Mehl, 50 g Puderzucker und den zuvor gehex(el)ten Pinienkernen zu einem schönen Teig verkneten. Danach stellte sie den Teig immer für mindestens eine Stunde kalt.

Doch das war vor einer langen Zeit. Damals kamen die Leute von weit her, um die Kekse zu probieren. Mittlerweile hatten die Müller und Bäcker der Umgebung das Rezept kopiert und die Gäste im Gasthaus blieben aus. Die Eltern hatten vieles versucht, um die Menschen mit anderen Keksen zu begeistern, aber es war ihnen nicht gelungen. Ihnen fehlte die zündende Idee für ein neues Rezept.

„Krah krah! Nur ein Teil ist da!" Der Junge erschrak. Als er zum Fenster blickte, sah er auf dem Sims einen Raben sitzen. „Krah krah! Folge mir nah! Krah, krah, nur ein Teil ist da!"

Der Junge horchte, ob seine Eltern noch wach waren, aber im Haus rührte sich nichts. Kurzentschlossen schob er das Rezept in sein Wams und schloss leise die Haustür hinter sich. Der Rabe krächzte und erhob sich in die Lüfte. Der Junge hatte Schwierigkeiten ihm zu folgen, er stolperte über Stock und Stein und schlug sich mehr als einmal das Knie an. Irgendwann hatte er völlig die Orientierung verloren, aber der Rabe mahnte ihn, ihm zu folgen. „Krah, krah, der zweite Teil ist nah!“ Ohne zu wissen, ob er dem Raben wirklich trauen konnte und ohne zu wissen, welchen Weg er gekommen war, fand er sich plötzlich vor einem hell erleuchteten Haus wieder. Der Rabe setzte sich auf den Dachfirst und steckte den Kopf ins Gefieder. Unsicher was er nun tun sollte und ob das Ganze eine gute Idee war, näherte er sich vorsichtig dem Fenster, aus dem er laute Geräusche vernahm.

Er blickte in eine kleine Küche und sah ein junges Mädchen bei der Arbeit. Es sah so aus, als würde sie ein Eiweiß steif schlagen und dabei ganz langsam etwas in die Schüssel sieben (75 g Puderzucker). Wie gebannt beobachtete er sie. Plötzlich betrat eine dicke, ältere Frau mit einer dreckigen Schürze die Küche. Missbilligend musterte sie, was das Mädchen machte. Plötzlich schrie die Alte das Mädchen an: „Willst du uns etwa schon wieder deine süße, weiße, klebrige Masse vorsetzen? Kannst du denn sonst nichts kochen und backen? Jeden Tag dasselbe! Dein Großvater, der diese Süßspeise so geliebt hat, ist schon seit ewiger Zeit unter der Erde. Wir haben dich nun lange genug durchgefüttert. Eine solche Köchin können wir nicht gebrauchen. Geh und nimm dein Familienrezept mit!“ Im nächsten Moment rumste es, die Haustür knallte und das weinende Mädchen landete direkt neben dem Jungen.

Noch etwas verschlafen krächzte der Rabe von oben: „Krah, krah, jetzt sind beide Teile da!“ und schloss wieder die Augen. Die Kinder sahen sich an und überlegten, was der Rabe wohl meinen könnte. „Du hast auch ein Familienrezept?“ fragte der Junge. „Ja“ erwiderte das Mädchen und beschrieb dem Jungen das Baiser, das sein Großvater so geliebt hatte. „Das meint der Rabe mit den beiden Teilen, die da sind!“ schrie der Junge aufgeregt. Er nahm das Mädchen bei der Hand und wollte schon loslaufen, als er merkte, dass er den Weg gar nicht wusste. In diesem Moment erhob sich der Rabe krächzend und flog los. Der Junge wusste, dass es nun galt schnell zu sein. So stolperten die beiden Kinder hinter dem Raben über Stock und Stein und halfen einander, wenn eines von ihnen strauchelte.

Schließlich standen sie vor dem erleuchteten Gasthaus. Die Eltern des Jungen waren wach geworden und vor Sorge um ihr Kind fast wahnsinnig. Wie war die Freude groß, als sie ihn nun durch den Wald kommen sahen!

„Ich habe die Lösung!“ schrie der Junge und verschwand mit dem Mädchen direkt in der Küche. Die verblüfften Eltern folgten ihrem einzigen Kind und wagten nicht, eine Frage zu stellen.

In der Küche begann der Junge sogleich damit, das alte Keksrezept der Mutter zu machen und den Ofen vorzuheizen. Er bat das Mädchen, das Baiser, das sie immer bei der Alten gemacht hatte, erneut zuzubereiten. Als alles fertig war, rollte der Junge den Teig aus, stach mit einem Förmchen Sterne aus und bestrich diese mit dem Baiser des Mädchens. Dann dekorierte er jeden Keks mit 1-2 ganzen Pinienkernen und ließ alles für 10-15 Minuten im Ofen verschwinden (Umluft 150 Grad). Alle hielten die Luft an, als der Junge die Kekse wieder aus dem Ofen holte und abkühlen ließ. Er verteilte an jeden einen der Kekse, die er „Sterntaler" nannte.

Es schien als würde die Zeit still stehen, als alle vier probierten. „Das ist eine märchenhafte Kombination, mein Junge!" sagte die Mutter und umarmte ihn stürmisch. „Damit retten wir das Gasthaus!" Die ganze Nacht verbrachten alle in der Küche und schoben ein Blech nach dem anderen in den Ofen. Als sie am Morgen auf die Bänke sanken, waren sie zwar erschöpft aber frohen Mutes.

Und sie sollten Recht behalten. Nachdem die ersten Gäste die neuen Kekse probiert hatten, verbreitete sich die Nachricht wie ein Lauffeuer. Das Gasthaus war fortan gut besucht und die Leute kamen von weit her, um die Sterntaler zu kosten. „Krah, krah, das war doch klar!" hörte man den Raben fröhlich krächzen.

Und wenn sie nicht gestorben sind, dann backen sie noch heute!

Moderner Fünfkampf: eine Schnitzeljagd

Zutaten für 4 Konkurrenten:

- 4 Steaks vom Schweinerxücken (je etwa 200 g)
- 200 g Semmelbrösel
- 100 g Weizenmehl
- 1 Zitrone
- 3 Eier
- 200 g frische Kräuter (je etwa 30 g Blattpetersilie, Schnittlauch, Bärlauch, Liebstöckel, Thymian, Oregano, Basilikum)

Dazu passt:
ein Pokal Pils- oder Weizenbier und goldbraune Bratkartoffeln.

Pistolenschießen:
Legen Sie sich auf die Lauer und schießen Sie vier Mal 200 g Schweinerücken (alternativ: schummeln Sie und schießen Sie ein Schnäppchen beim Metzger). Waidmannsheil!

Querfeldeinlauf:
Rennen Sie los! Auf Ihrem Weg querfeldein laufen Sie beim Bauernladen vorbei und besorgen drei Eier und eine Zitrone; 200 g Semmelbrösel und 100 g Mehl beim Müller. Auf der Strecke achten Sie am Wegesrand auf sieben frische Kräuter (Blattpetersilie, Schnittlauch, Bärlauch, Liebstöckel, Thymian, Oregano, Basilikum) und stecken diese ebenfalls ein. Dann im Endspurt Richtung Ziellinie!

Fechten:
En Garde! Schnappen Sie sich den Degen oder einen Säbel und legen Sie sich Ihre Gegner zurecht: strecken Sie die Schweinerücken mit einem Schmetterlingsschnitt nieder. Für ein vorzeitiges K.O. machen Sie sie vollends platt (Sie dürfen hier gern zu Ihrer Zweitwaffe, dem Fleischklopfer, greifen!). Zerteilen Sie die drei Eier und verquirlen Sie sie auf einem tiefen Teller. Zuletzt schneiden Sie die Zitrone gekonnt in mehrere Scheiben und der Kampf ist gewonnen.

Springreiten:
Die Hindernisse liegen bereit: jeweils ein Graben (tiefer Teller) gefüllt mit Mehl, Eiern, Kräutermischung aus sieben Kräutern (gehackt) und Semmelbröseln. Lassen Sie jedes Schnitzel nun nacheinander in alle Gräben springen. Hüah!

Schwimmen:
Ready, Steak, GO! Die fertig panierten Schnitzel gehen nun in viel Fett schwimmen (ca. drei Minuten Brust und drei Minuten Rücken).

Danach nur noch mit etwas Zitrone garnieren und der Fünfkampf ist beendet.

2
1
3

Das Spiel um heiß und kalt: der Spielbericht

Mannschaftsaufstellung:

- je Mannschaft 11 Kugeln Vanilleeis (je nach Mannschaftsstärke auch weniger)
- 500 g Beeren (gefroren oder frisch)
- 100 g Semmelbrösel
- 100 g Mehl
- 100 g Kokosraspeln
- 2 Eier
- Frittieröl

Spielzeit:

ca. 20 min (+ ca. 6 h Vorbereitung)

Dazu passt:

nach der ganzen Aufregung ein Bal(l)driantee

Nachdem der Schiedsrichter das Spiel angepfiffen hat, legen die Mannschaften auch schon los. Es ist ein dreckiges Spiel, kein Wunder bei diesen Außentemperaturen. Der Ball (Vanilleeiskugel) kullert über die Außenlinie (Mehl), durch die Pfütze am Spielfeldrand (gequirlte Eier) und bleibt schließlich im Sandbett der Weitspringer (Semmelbrösel-Kokosraspel-Gemisch) neben dem Spielfeld liegen.

Diese zeitraubenden Fehlpässe passieren der Mannschaft doch tatsächlich drei Mal hintereinander (Vorgang drei Mal wiederholen, die von der Panade dicht ummantelten Eiskugeln zwischen jedem Durchgang etwa zwei Stunden einfrieren). Die Heimmannschaft beschwert sich, dass die anderen auf Zeit spielen. Auch das Publikum scheint gelangweilt, einige stehen auf, obwohl das Spiel noch mitten im Gange ist, um sich etwas zu trinken zu holen.

Nach der Halbzeit scheinen die Gemüter aufgeheizt, die Spieler sind aufgrund der vielen Fehlpässe auf 190 (Fritteuse auf 190 Grad vorheizen oder Öl im Topf erhitzen). Das Spiel scheint in Fahrt zu kommen. Alle halten die Luft an – Tor! Tooooor!!!! Der Ball landet im Netz (Eis in Fritteuse tauchen)!

Wahnsinn, endlich bekommen die Zuschauer etwas für ihr Geld zu sehen. 1:0 der Spielstand. Ob die Mannschaft mit diesem neugewonnenen Schwung noch ein 2:0 oder 3:0 rausholen kann, liegt nun ganz in der Hand des Ko(a)chs.

Zeitgleich kochen nun auch die Emotionen der Zuschauer hoch (Beeren erwärmen) – sie feuern ihre Mannschaft an. Der Torwart nimmt den Ball aus dem Netz und der Schiedsrichter pfeift das Spiel ab. Die Zuschauer verteilen sich auf dem Spielfeld, um ihre Spieler zu feiern (Beeren auf dem Teller verteilen) und halten den Ball stolz in die Höhe (Kugel ins Beerenbett setzen).

Ein tolles Spiel, das Warten hat sich gelohnt: zwar ein kalter Start, aber ein heißes Ende.

Bismarck-Eier

Vor dem Vergessen bewahrte Zutaten für 2 reichliche Hauptspeiseportionen:

- je 1/2 Bund Schnittlauch und Petersilie
- 150 g gekochter Schinken
- 4 Scheiben Toast
- 75 g Parmesan
- Butter
- 4 Eier

Legende:
b.c. = before cooking
c. = cooking
a.c. = after cooking

Dazu passt:
RisOTTO

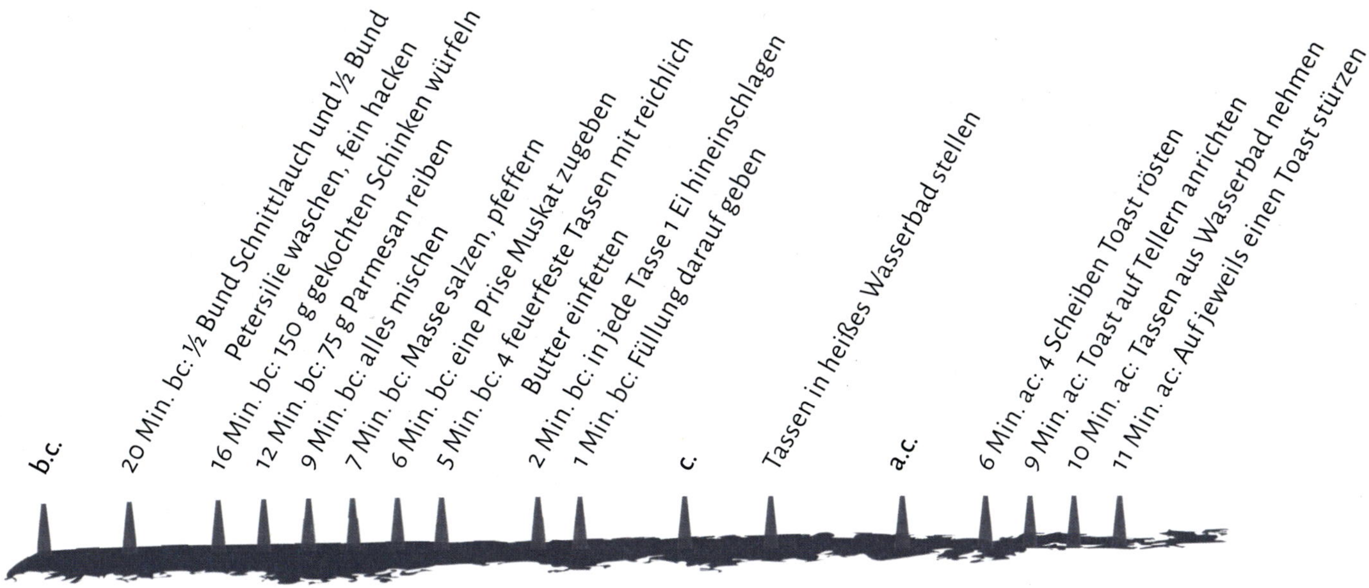

Das ist ja die Krönung: Ein Schmarren wird Kaiser!

Zutaten für 2 prunkvolle Nachtischportionen:

- 3 Äpfel
- 4 Eier
- 150 g Mehl
- Zucker
- 2 Päckchen Vanillezucker
- 250 ml Milch
- Salz
- 2 TL Backpulver
- Mineralwasser
- Butter
- Puderzucker
- 200 ml Sahne

Dazu passt:
Reichsapfelmus

Zubereitungszeremoniell:

Einzug:
bzw. Auszug – ziehen Sie 3 Äpfeln die Schale aus und schneiden Sie die Äpfel in Spalten.

Ei(d):
4 Eier trennen und das Eiweiß steif schlagen. Eigelb mit Mehl, 4 EL Zucker, einem Päckchen Vanillezucker, 250 ml Milch, 1 Prise Salz, 2 TL Backpulver und einem Schuss Mineralwasser verrühren. Schwören Sie, abschließend den Ei(d)-schnee unterzuheben.

Salbung:
Lassen Sie etwas Butter in der Pfanne zu Öl werden und salben Sie die Apfelspalten darin von beiden Seiten kurz ein. Fügen Sie 4 EL Zucker dazu und lassen alles bei mittlerer Hitze karamellisieren.

Gebete:
Falten Sie jetzt nicht die Hände im Schoß, beten Sie lieber dafür, dass Ihnen der nächste Schritt gelingt: lassen Sie etwas Butter in einer zweiten Pfanne bei mittlerer Hitze schmelzen und fügen dann etwa eine Pfannkuchen-Portion Teig dazu.

Einkleidung:
Sobald der Teig etwas angebacken ist, kleiden Sie die karamellisierten Apfelspalten darin ein. Wenn die untere Seite braun gebacken ist, wenden Sie den Teig und backen ihn fertig. Zerpflücken Sie ihn mit einem Holzlöffel in kleine Stücke. Wiederholen Sie den Vorgang, bis der Teig aufgebraucht ist.

Thron:
Nun folgt die Tellerbesteigung. Richten Sie den Schmarrn auf Tellern an und lassen feierlich Puderzuckerregen auf ihn niedergehen.

Insignien:
Nachdem Sie 200 ml süße Sahne mit einem Päckchen Vanillezucker steif aufgeschlagen haben, folgt die Insignien-Übergabe: Setzen Sie dem Schmarrn eine Sahnekrone auf.

Akklamation:
Der zustimmende Beifall der Anwesenden bestätigt, dass Sie das Zepter zu Recht in die Hand genommen haben.

Die leckere Koalition

Wahlzettel zum Ankreuzen der Zutaten: (etwa 12 Kuchenstücke sind zu vergeben)

- 4 Eier
- 1 Tasse Zucker
- 1 Päckchen Vanillezucker
- 1 Tasse Sonnenblumenöl
- 600 ml Milch
- 1 Tasse Mehl
- 1 Päckchen Backpulver
- 1 Päckchen Vanille puddingpulver
- Obst nach Belieben (Erdbeeren, Waldbeeren, Kiwis, Himbeeren)
- 1 Päckchen Tortenguss

Dazu passt:
eine Fraktionsgemeinschaft aus heißer Milch und luftigem Kakaopulver

Liebe Genoss... Genießerinnen und Genießer,

ich glaube fest an den Erfolg dieses Kuchens. Leihen Sie mir für 40 Minuten Ihr Ohr und ich erkläre Ihnen, wie Sie zu einem Geschmackserlebnis der besonderen Art kommen. Ich verspreche, mich kurz zu halten und Sie nicht zu langweilen. Wählen Sie diesen Kuchen für Ihren nächsten Sonntagskaffee – Sie werden nicht enttäuscht sein. Niemand muss den Gürtel enger schnallen! (Applaus.) Nichts kann erreicht werden ohne den ersten Schritt:

Schlagen Sie die Eier mit dem Zucker und dem Vanillezucker mit dem Handrührgerät schaumig! Fügen Sie Sonnenblumenöl und eine Tasse Milch hinzu! Sieben Sie Mehl und Backpulver in die Masse! Alles gut aufmischen!

Dieser Rezeptentwurf ist zwar bereits verabschiedet, geringfügige Änderungen beim Belag, je nach politischer Gesinnung und Zustand Ihrer Haushaltskasse, werden aber toleriert.

Keine Änderungen empfehle ich bei folgenden Schritten:

Ofen auf 180 Grad vorheizen! Runde Kuchenform mit Backpapier auslegen! Teig einfüllen! Ca. 30 Minuten backen (Stäbchenprobe bzw. Misstrauensvotum), falls der Kuchen zu dunkel wird, mit Alufolie abdecken, abkühlen lassen. Vanillepudding kochen (aber nur 400 ml Milch nehmen)! Pudding auf dem gestürzten Kuchen verteilen!

Ich biete Ihnen heute die einmalige Gelegenheit, die Oberschicht nun nach Belieben mit Obst zusammenzustellen. Ich plädiere für eine Große Koalition und damit eine absolute Mehrheit aus Erdbeeren und Waldbeeren, mit einer kleinen Opposition aus Kiwis und Himbeeren.

Nach Packungsanleitung einen Tortenguss zubereiten und das Obst paritätisch damit bedecken. Nach mehreren Stunden im Kühlschrank können Sie das Wahlergebnis servieren. Grundsätzlich bin ich für die Meinungsfreiheit; das Ausrufen einer Lobes-Hymne ist jedoch in diesem Fall die erste Bürgerpflicht. Wenn Sie jedoch mit dem Wahlergebnis nicht zufrieden sind, können Sie bei der nächsten Wahl andere Früchtchen wählen und das Tortendiagramm bzw. die Koalition anpassen.

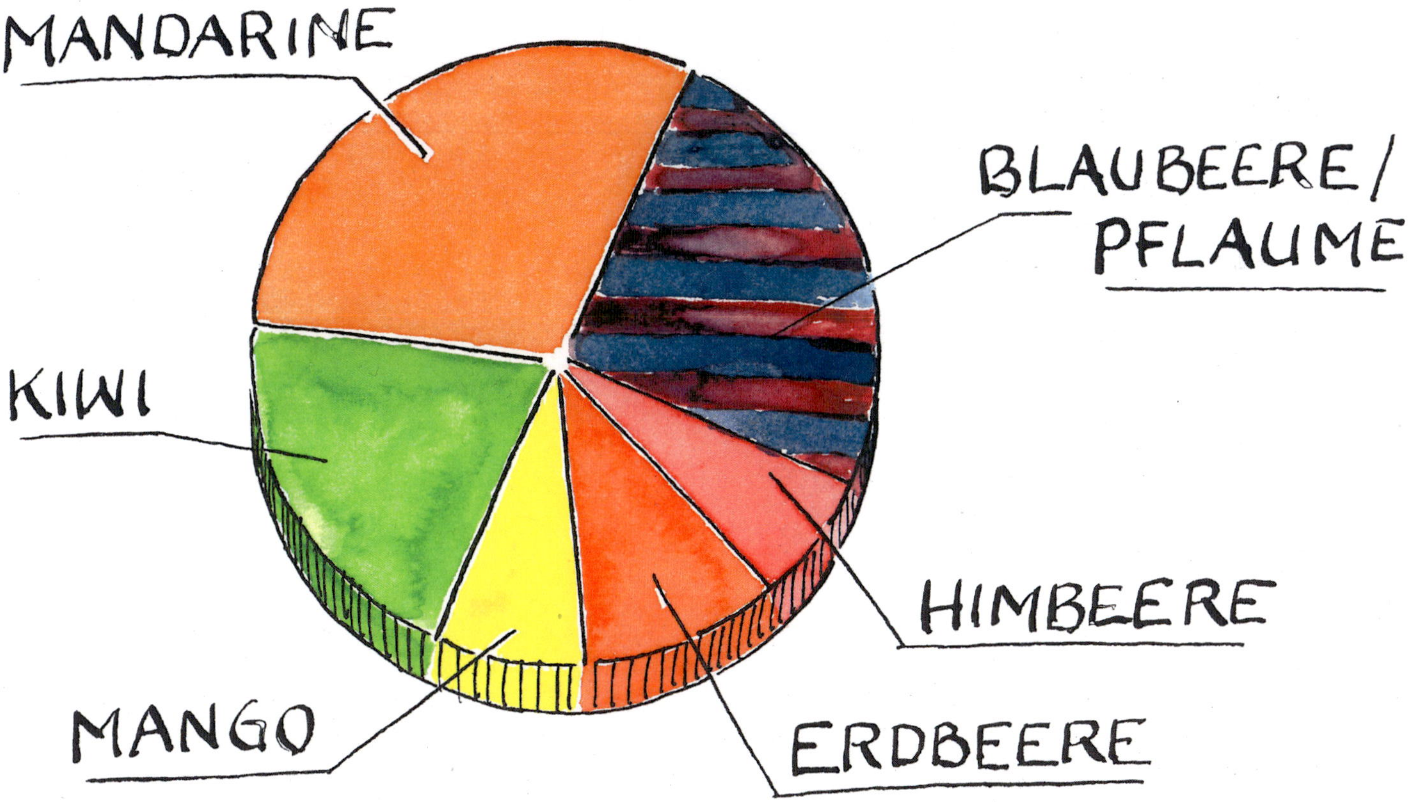

10-Punkte-Programm zum Kohl-Eintopf

Zutaten für 4 mit mächtig Hunger:

- 1 Kopf Wirsing
- 2 Mettwürste
- 4 Kartoffeln
- 1 EL getrockneter Thymian
- 1 Lorbeerblatt
- 400 ml Gemüsefond
- ½ Becher Sahne
- 2 EL Öl

Dazu passt:
ein Einheitsbrei oder ein Allgemeinplätzchen zum Nachtisch

Punkt 1 – Sofortmaßnahmen humanitärer Art:
Dieses Gericht wird Ihren Hunger umgehend stillen!

Punkt 2 – Umfassende Wirtschaftshilfe:
Dieses Gericht wird Ihren Geldbeutel schonen.

Punkt 3 – Ausbau der Zusammenarbeit verschiedener Zutaten:
1 Kopf Wirsing, 2 Mettwürste, 4 Kartoffeln, 1 EL getrockneter Thymian, 1 Lorbeerblatt, 400 ml Gemüsefond, ½ Becher Sahne, 2 EL Öl, Salz, Pfeffer

Punkt 4 – Vertragsgemeinschaft:
Glauben Sie uns – diese Zutaten werden sich prächtig vertragen!

Punkt 5 – Schaffung konföderativer Strukturen:
Am Ende werden sich die oben genannten selbstständigen Einheiten zusammenschließen. Alles beginnt damit, dass die Kartoffeln geschält, ca. 25 Minuten gekocht und beiseite gestellt werden.

Punkt 6 – Einbettung des dt. (R)einheitsprozesses in gesamte Entwicklung:
Den Wirsing waschen, vierteln, Strunk herausschneiden, in Streifen schneiden, abtropfen lassen. Mettwürste in Scheiben schneiden.

Punkt 7 – EG-Beitritt reformorientierter Ostblockstaaten:
Die reformorientierten Ostblockstaaten kochen schon lange mit Kohl! Dank ihrer Einflüsse hat dieses Rezept glücklicherweise auch seinen Weg zu uns gefunden!

Punkt 8 – Forcierung des Koch-Prozesses:
Erhitzen Sie Öl in einem großen Topf. Braten Sie die Mettwürste scharf an. Geben Sie dann den Wirsing dazu und schmoren Sie ihn kurz mit. Geben Sie die Gewürze und die Gemüsebrühe hinzu und lassen Sie alles auf mittlerer Stufe für ca. 20 Minuten köcheln.

Punkt 9 – Abrüstung und Rüstungskontrolle:
Kurz vor dem Servieren (ca. 5 Minuten) schneiden Sie die Kartoffeln in Würfel und geben Sie diese, sowie die Sahne, hinzu. Nun heißt es abrüsten: Drehen Sie die Temperatur herunter und kontrollieren Sie den Geschmack, ggf. mit Salz und Pfeffer abschmecken.

Punkt 10 – Deutsche Einheit:
Noch nie war eine Wiedervereinigung so lecker!

Himmel un Äd

Die heiligen Schriften auf dem Einkaufszettel: (Für zwei große Portionen. Können Sie glauben.)

- 2 Süßkartoffeln
- 100 ml Milch
- 2 EL Kräuterbutter
- 3 Rote (Ge)Bete
- 1 Apfel
- 250 ml Apfelsaft
- 1 Glas Apfelmus
- 2 Zwiebeln
- 250 ml saure Sahne
- Zum Würzen: Salz, Pfeffer, Currypulver, Gemüsebrühe, 2 EL Balsamico

Dazu passt:
unser täglich Brot

Die 10 Gebote

1. Du sollst die Rote Bete ungeschält ca. 45 Minuten kochen. Da die Knollen später noch mal gegart werden, dürfen sie nicht ganz durch sein.

2. Du sollst die Süßkartoffeln schälen und würfeln und sie dann in Salzwasser in etwa 20 Minuten gar kochen.

3. Du sollst die Milch und die Kräuterbutter mit den Süßkartoffeln vermengen, alles fein zerstampfen und das Püree mit Salz, Pfeffer und Currypulver großzügig würzen.

4. Du sollst die Zwiebeln in Ringe schneiden, mit Öl in der Pfanne anbraten und mit etwas Zucker glasieren.

5. Du sollst die Rote Bete schälen, würfeln und in einem Topf in Öl scharf anbraten.

6. Du sollst den geschälten Apfel würfeln und zu der Roten Bete geben.

7. Du sollst den Apfelsaft dazugeben und die Flüssigkeit bei mittlerer Hitze verkochen lassen.

8. Du sollst den Balsamico dazugeben und mit Brühe, Salz und Pfeffer würzen.

9. Du sollst die saure Sahne hinzugeben und alles auf mittlerer Stufe zu einer sämigen Soße reduzieren.

10. Du sollst das Püree mit den Zwiebeln sowie das Gemüse ansprechend auf dem Teller anrichten und das Apfelmus dazu reichen.

Götterspeise mit Sahnewolken: Eine Sünde, die sich lohnt

Zutaten für 6 Nachtisch-Jünger: (teils sündhaft lecker)

- 400 ml klare Zitronenlimonade
- 30 g Zucker
- 6 Blatt Gelatine
- 1 Schuss blaue Lebensmittelfarbe
- 1 Schuss Curacao
- Saft aus 1 Limette
- 1 Päckchen Vanillezucker
- Sprühsahne

Dazu passt:
ein Weihwasser

1. Hochmut
Hochmut kommt vor dem Fall – in diesem Fall, dem der Gelatine ins Wasser. (nach Packungshinweis auflösen)

2. Faulheit
... hilft Ihnen nicht weiter. Verrühren Sie die Limonade mit dem Zucker, dem Vanillezucker, dem Limettensaft, einem Schuss Curacao und einigen Tropfen Lebensmittelfarbe. Erwärmen Sie dann langsam das Gemisch und drücken Sie die Gelatine darin aus.

3. Zorn
Es muss nicht vor Wut sein, aber kochen müssen Sie schon. Nach dem Aufkochen die Masse weiter auf mittlerer Stufe ziehen lassen, bis sich die Gelatine vollständig aufgelöst hat.

4. Wollust
Jeder hat an dieser Stelle wohl Lust den Wackelpudding sofort zu probieren, aber er muss noch weitere fünf Minuten auf niedriger Stufe köcheln, dann in schöne Gläser gefüllt werden und abkühlen.

5. Geiz
Geizen Sie nicht mit der Zeit. Der Wackelpudding sollte mindestens sechs Stunden kaltgestellt werden.

6. Neid
Sprühen Sie vor dem Servieren nur noch ein paar Sahnewölkchen auf den blauen Himmel, fertig! Auch wenn es eine Sünde ist – um diesen leckeren Nachtisch werden Sie alle beneiden.

7. Völlerei!

Schichtsalat

Für 6 hungrige Schichtarbeiter.

- etwa 150 g Nachos, diese Schicht sollte erst entstehen, nachdem die restlichen Schichten sich ca. 3 h abgelagert haben
- 300 g Gouda, gerieben
- 400 ml Crème fraîche
- ½ Flasche Salsa-Soße
- 1 Dose Mais, abgetropft
- ½ Eisbergsalat, in Streifen geschnitten
- 1 Salatgurke, klein geschnitten
- 4 große Tomaten, klein gewürfelt
- 500 g Hackfleisch, angebraten, mit ½ Flasche Salsa-Soße sowie Salz und Pfeffer vermengt
- 1 Dose Kidneybohnen, abgetropft*

Dazu passt:
mehrlagige Servietten und ein Glas Bohr-deaux

Die geographische Forschung konnte nach vielen Jahren theoretischer Vorüberlegungen und intensiver Feldversuche dieses anschauliche Schicht-Modell entwickeln. Bei der Rekonstruktion sollte man auf eine gut geplante Expedition (Einkauf), geeignete und saubere Ausrüstung (Schneidebrett, Messer, Dosenöffner, Käsereibe, Pfanne) sowie eine methodisch exakte Beobachtung der Sedimentation Wert legen.

Der erdkundlich versierten Fachkraft sollte selbstverständlich bekannt sein, dass die am tiefsten liegende Schicht zuerst gebildet wird.

*Dem wissenschaftlich und didaktisch geschulten Auge kann nicht entgehen, dass im abgebildeten Modell diese längst durch diverse Tiefenbohrungen und Probennahme bekannte Schicht fehlt. Eine Aktualisierung des Modells ist angestrebt, wird aber in die Schulbücher erst in einigen Jahren Einzug finden. Bis dahin bleibt es der Lehrkraft überlassen, ob und an welcher Stelle diese Schicht einzuführen ist.

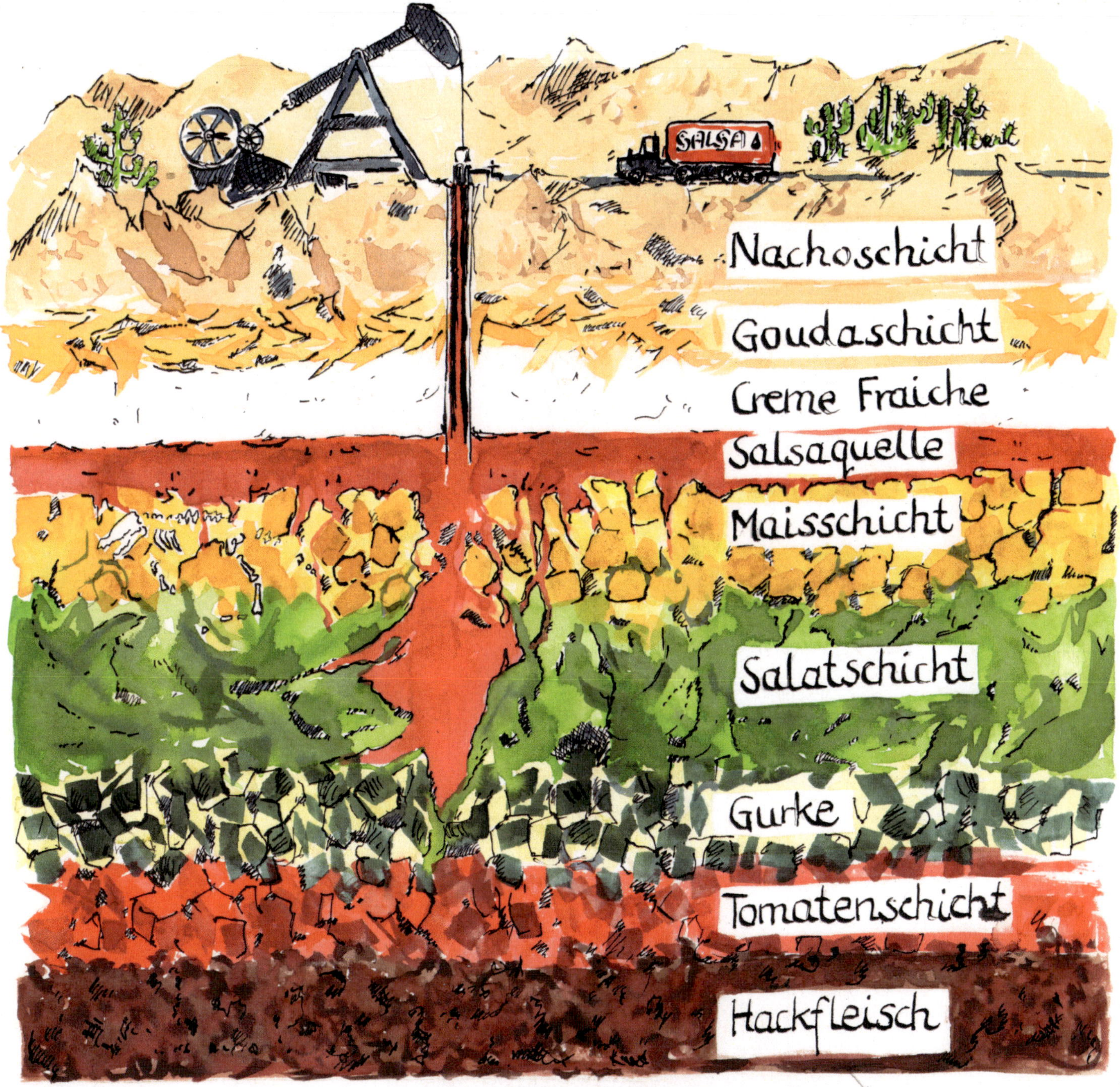
SALSA
Nachoschicht
Goudaschicht
Creme Fraiche
Salsaquelle
Maisschicht
Salatschicht
Gurke
Tomatenschicht
Hackfleisch

Wettergericht: Blitzeis

Zutaten für 4 Wetterfrösche:

- 400 g Erdbeeren
- 250 g Puderzucker
- 500 ml Schlagsahne

Dazu passt:
eine Pfütze Kaffee

Heute spielt das Wetter völlig verrückt. Als kleiner Trost vorweg: Der Tag startet zwar stürmisch, entschädigt aber mit einem wonnigen Ausgang.

Am Morgen ergießt sich ein sintflutartiger Regenschauer großflächig auf die Erd(b)e(eren) (gut waschen). Danach wird es fast winterlich. Da die Temperatur weiter sinkt, können Sie feinen Pulverschnee (Puderzucker) beobachten, der sich über die Erd(b)e(eren) legt und dort stellenweise sogar liegenbleibt.

Die Kaltfront trifft im Laufe des Tages auf warme Luftmassen aus dem Norden. In der Folge entstehen starke Stürme, die mit orkanartigen Böen einhergehen und alles durcheinanderwirbeln (Erdbeeren und Puderzucker pürieren).

Auch über den großen Seen (Schlagsahne) wütet das Unwetter. Bei Windgeschwindigkeiten von bis zu 100 km pro Stunde wird die Flüssigkeit aufgeschlagen.

Sobald der Sturm vorübergezogen ist, werden Sie am Himmel sahnige Wolken bewundern können. Es klart nun größtenteils auf, die Wolken ziehen vielerorts so tief über der Erdoberfläche hinweg, dass es aussieht, als ob sie sich berühren würden (Sahne unter Erdbeermus heben).

Die Sonne wird sich später noch für einige Stunden zeigen. Da uns dennoch eine eiskalte Nacht bevorsteht, sollten Sie Ihre Habseligkeiten in Form bringen, abdecken und generell winterfest machen (Erdbeermus in Form füllen und mit Klarsichtfolie bedecken). Nach dem Sonnenuntergang fallen die Temperaturen derart stark ab, dass Sie sich fühlen werden wie tiefgekühlt (1 ½ Stunden in den Tiefkühler stellen) und als stünde Ihnen eine weitere Eiszeit bevor.

Und Sie haben nicht ganz unrecht: In der Ruhe nach dem Sturm wird sich nun auch noch Blitzeis bilden, das Sie aber in der warmen Wohnung ganz ungeniert genießen können.

Fette/Süßigkeiten
Fleisch, Fisch, Eier
Milchprodukte
Getreide-
produkte
Obst und
Gemüse.
Flüssigkeit
Bewegung
Gemüse
WEIN

Ernährungspyramide: eine Suppe, die alle Stufen auf einmal nimmt

Zutaten für 4 hungrige Ernährungsberater – oder für 6 als Vorspeise vorneweg.

Fette und Süßigkeiten:	etwas Olivenöl
Fleisch, Fisch und Eier:	600 g Fischfilets, z. B. Kabeljau, Zander, Steinbeißer, Viktoriabarsch
Milch und Milchprodukte:	1 Becher, ca. 200 g, Crème fraîche
Getreideprodukte:	Je Portion eine Scheibe Vollkornbrot als Beilage
Obst und Gemüse*:	1 Stange Bio-Staudensellerie, 3 Bio-Möhren, 1 TL gehackter Ingwer, 2 Zehen Bio-Knoblauch, 2 kleine Bio-Zwiebeln, 3 Bio-Kartoffeln, 1 Bund Bio-Petersilie, Saft einer Bio-Zitrone
Getränke/Flüssigkeit:	1 Liter Gemüsebrühe, 200 ml Weißwein, 150 ml Fischfond, 1 Flasche Wasser als Getränk dazu
Bewegung:	Besorgen Sie die Zutaten zu Fuß oder mit dem Fahrrad!

*Alle Zutaten der Stufe „Obst und Gemüse" (ausgenommen: Zitrone und Petersilie) waschen, ggf. schälen, kleinschneiden und in einem hohen Topf in Olivenöl glasig dünsten (erst Möhren und Sellerie, dann Zwiebeln und Ingwer, dann Knoblauch). Mit Weißwein aufgießen, 15 Minuten einkochen lassen. Fischfond und Brühe dazugeben. Zitronensaft unterrühren. Fischfilets kleinschneiden und dazugeben, alles einmal aufkochen und dann 20 Minuten köcheln lassen. Crème fraîche unterrühren. Zuletzt gehackte Petersilie dazugeben, ggf. mit Salz und Pfeffer abschmecken und servieren.

Mandel'sche ERBsenregeln!

Zutaten für 2 hungrige Erbsenzähler: (bitte besorGEN)

- 2 Zwiebeln
- 300 g Erbsen (tiefgekühlt)
- 150 g Mandelblättchen
- 300 ml Gemüsebrühe
- Basilikum (getrocknet)
- 250 g Nudeln
- Parmesan

Dazu passen:
geröstete Mendeln zum Darüberstreuen

Führen Sie eine Spaltung von zwei Zwiebeln herbei und zerkleinern Sie diese uniform – dann in etwas Öl und Zucker in der Pfanne andünsten. Nun geben Sie 300 g tiefgekühlte Erbsen hinzu. Trotz des extremen Temperaturunterschiedes wird sich die Hitze als dominantes Merkmal schnell durchsetzen.

Unabhängig davon rösten Sie in einer anderen Pfanne die Mandelblättchen ohne Öl goldbraun an, von denen Sie eine kleine Handvoll für die Dekoration beiseite stellen.

Kreuzen Sie nun die Erbsen-Zwiebel-Masse mit den Mandeln. Fügen Sie die warme Gemüsebrühe sowie 3 TL getrocknetes Basilikum hinzu. Salz und Pfeffer sollten sich in der Soße nur rezessiv wiederfinden.

Wenn Sie im Anschluss alle Zutaten mit einem Pürierstab fein zerkleinert haben, wird sich – in Folge eines intermediären Vorgangs – eine hellgrüne Soßenfarbe ergeben. Lassen Sie die Soße auf niedriger Stufe weiterköcheln.

Kochen Sie die Nudeln Ihrer Wahl in angegebener Dauer in Salzwasser und reiben parallel dazu etwas Parmesan in grobe Scheiben. Die fertigen Nudeln in tiefe Teller geben und mit der Soße, dem Parmesan und den übrigen Mandelblättchen schön anrichten.

Ganz im Sinne der Neukombinationsregel entsteht ein ungewöhnliches aber einfaches Gericht!

(Schmeckt GENial! Dieses Rezept kann man noch seinen Enkeln vererben!)

Teilchen nach Bohr'scher Art

Materie:

- 1 Paket Blätterteig
- 250 g Quark(s), Magerstufe
- ½ Päckchen Vanillepuddingpulver
- 7 EL Aprikosenmarmelade
- 2 Eier
- 30 g Zucker
- Ca. 24 Stück Phys(ik)alis
- Etwas Puderzucker
- Saft von ½ Zitrone

Die Teilchenmasse beträgt ca. 12 Stück.

Dazu passt:
ein Kolbenkaffee

Bestandteile der Hülle:
Ausgelegter und in Kreisform ausgestochener Blätterteig.
Der Radius der Hülle beträgt r = 11 cm.

Bestandteile des Kerns:
- 2 Eigelb mit Quark(s), Vanillepulver und Zucker beschleunigt, bis es zu einer Masse vereint ist.
- 2 steif geschlagene Eiweiß (unter Eigelbmasse gehoben)
- Phys(ik)alis, halbiert, in Aprikosenmarmelade gewendet
- Puderzucker, in Zitronensaft aufgelöst

Teilchenaufbau:
Die Teilchenhülle ist rund in der Form und an den Rändern etwas nach oben gebogen. In der Mitte befindet sich flächig die Quark(s)masse. Auf dieser verteilen sich gleichmäßig eine Schicht Marmelade und die halbierten Phys(ik)alis in ihrem schützenden Aprikosenmantel.

Teilchenhülle und Teilchenkern verschmelzen am besten in einer warmen (Ofen)Atmosphäre bei ca. 180 Grad Umluft nach etwa 20-25 Minuten. Erst dann sollte eine fast durchsichtige Puderzuckerglasur von den Teilchen angezogen werden.

Schmeckt atomberaubend!

Ein Spektrum aus Speckdrum

Zutaten für ein kleines oder auch großes Spektrum von Menschen:

- Datteln
- Zwiebeln
- Pilze
- Speck

Dazu passt:
aus der Flasche ein Zug

1. Datteln kaufen – Speck drum.
2. Zwiebel vierteln – Speck drum.
3. Pilze putzen – Speck drum.

Jede Dattel, jedes Zwiebelstück und jeden Pilz mit je einer halben bis ganzen Scheibe Speck umwickeln. Jeweils mit einem Zahnstocher fixieren und anschließend auf dem Grill knackig braten.

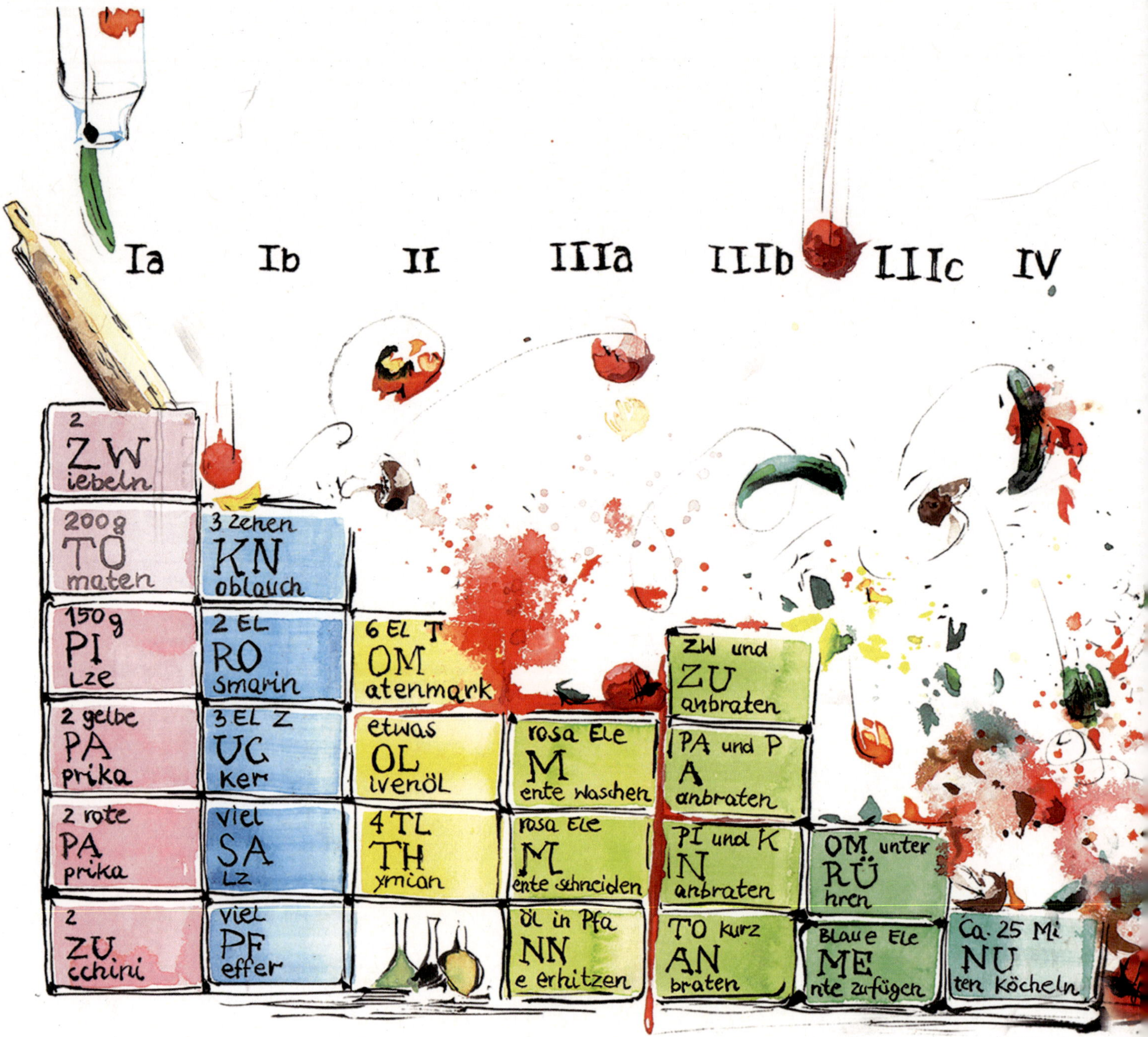
Ia
Ib
II
IIIa
IIIb
IIIc
IV
2 ZW iebeln
200 g TO maten
150 g PI lze
2 gelbe PA prika
2 rote PA prika
2 ZU cchini
3 Zehen KN oblauch
2 EL RO smarin
3 EL Z UC ker
viel SA LZ
viel PF effer
6 EL T OM atenmark
etwas OL ivenöL
4 TL TH ymian
rosa Ele M ente waschen
rosa Ele M ente schneiden
ÖL in Pfa NN e erhitzen
ZW und ZU anbraten
PA und P A anbraten
PI und K N anbraten
TO kurz AN braten
OM unter RÜ hren
Blaue Ele ME nte zufügen
Ca. 25 Mi NU ten köcheln

Ratatouille der Elemente

Für 4 Experimentierfreudige

Dazu passen: Laugenbrezeln

Ein kurzer Blick auf das Periodensystem der benötigten Elemente sollte geübten Lehrkräften genügen, um die korrekten Mengen aus Labor-, Kühl und Voratsschränken zu entnehmen, den einzelnen Arbeitsschritten zu folgen und ein schmackhaftes Ergebnis herbeizuführen. Unsicherheiten können durch lautes Wiederholen, Abschreiben und Auswendiglernen reduziert werden.

Um ein reproduzierbares Ergebnis sicherzustellen, sollten während des Experimentes unbedingt immer wieder (Geschmacks-)Tests durch präzise Probenentnahmen durchgeführt werden.

Falls das Experiment wider Erwarten doch scheitert, hilft gegebenenfalls die verantwortungsvolle Anwendung von C_2H_6O.

Versuchsprotokoll

Benötigte Geräte und Zutaten für 2 kleine Vorspeisenresultate:

- Entsafter
- Spritze
- 3 Gurken für 750 ml Saft
- 2,7 g Natriumalginat
- 3,2 g Calcic (Kalziumchlorid)
- 750 ml Wasser

- 1 Zwiebel
- 1 Knoblauchzehe
- 1 Zitrone
- Salz
- Pfeffer
- Honig

Dazu passt:
H_2O aus dem Reagenzglas

Thema:
Der Gurkensalat, bei dem die Chemie stimmt.

Versuchsaufbau:
Knoblauch und Zwiebel in kleine Würfel schneiden. Die Zitrone pressen. Die Gurken entsaften. Natriumalginat mit dem Gurkensaft vermischen und pürieren. Mischung zwei Stunden ruhen lassen. Die restlichen Zutaten abwiegen und bereitlegen.

Versuchsdurchführung:
Das Calcic wird in Wasser aufgelöst. Die Gurken-Alginat-Mischung wird auf die Spritze aufgezogen und tropfenweise in die Calcic-Mischung gegeben. Nach ca. zwei Minuten in der Lösung werden die Kugeln in klarem Wasser abgespült. Zwiebeln, Knoblauch, Honig, Zitronensaft, Salz und Pfeffer in einer Schüssel mischen und das Dressing beiseitestellen.

Beobachtung:
Bei Zufügen des Calcics zum Wasser nimmt man eine deutliche Trübung des Wassers wahr. Das Calcic löst sich sehr rasch auf. Die Tropfen der Alginat-Mischung wechseln bei Kontakt mit der Calcic-Mischung ihren Aggregatzustand von flüssig zu fest.

Auswertung:
Die Gurkenmoleküle, ansprechend auf einem Teller oder Löffel serviert und mit dem Dressing garniert, ergeben ein rundum gelungenes Experiment.

HONIG

Google-Hupf! Die Suche hat ein Ende

Content für etwa 8-10 GB*:

- 3 iEr
- 2 Tassen Mail
- 3 Apple
- Vanille-Mark einer Vanilleschote sowie 1 kleiner Zuckerberg (1 Tasse)
- 1 Päckchen Back(up)-Pulver
- 1 Tasse Buttermil.ch
- 1 paar Pixel Zimt
- 1 Handvoll Schokodrops aus der Schoko-Dropbox
- 10 Cookies (zerkleinert)

*Große Bissen = Kuchenstücke

Dazu passt:
ITalienischer Kaffee

Als erstes fahren Sie den Backofen im abgesicherten Modus hoch und geben als Passwort „160 Grad" ein. Öffnen Sie nun den Ordner „Schüssel" und speichern darin die folgenden Dateien: Mail, iEr, Vanille-Mark, Zuckerberg, Back(up)pulver, Buttermil.ch, ein paar Pixel Zimt. Die Anordnung ist hier zweitrangig – es muss im Ordner keine Ordnung herrschen (verrühren Sie alles gut miteinander).

Formatieren Sie als nächstes die Äpfel in kleine Stücke und speichern Sie die Datei „Apple-geschnitten-entkernt" dann bei den anderen Zutaten.

Für den Aufruf des nächsten Befehls müssen Sie die Verwendung von Cookies zulassen. Fügen Sie die zerkleinerten Cookies und die Schokodrops aus der Dropbox ebenfalls in den Ordner „Schüssel" ein.

Verschieben Sie nun alles in eine gefettete Googlehupf-Form und legen Sie den Kuchen in der Partition „Backofen" ab.

Die Anwendung „Backen" sollte für 40-45 Minuten ausgeführt werden. Zum Sichern zwischendurch das Fenster öffnen und den Stäbchentest machen.

Yahoo! Schon der erste Byte wird Sie in die siebte Cloud befördern.

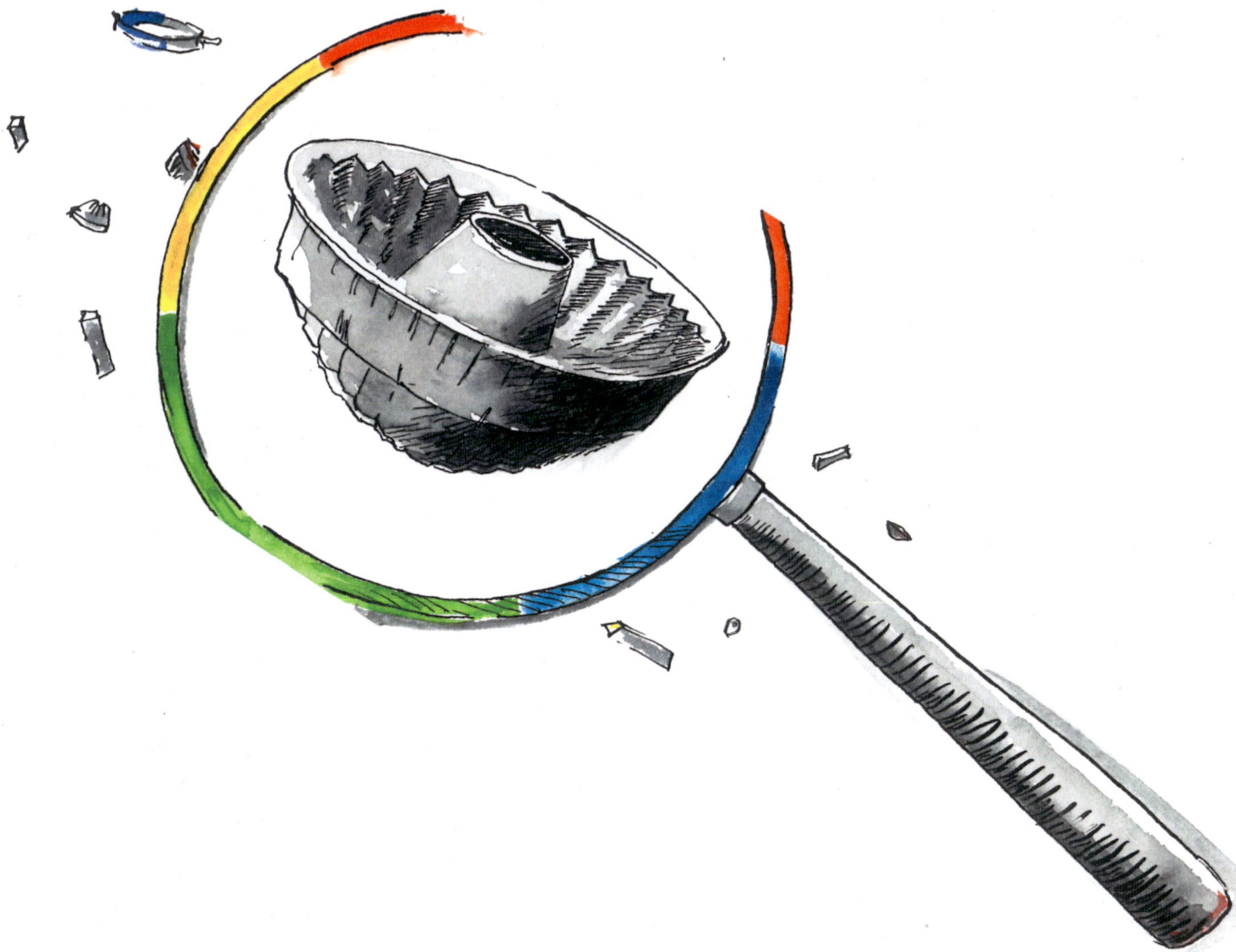

Menü: Elsässer Flammkuchen

Ausschneiden und Einfügen für 4 Personen:

- 200 g Mehl
- 1 EL Öl
- 110 ml Wasser
- 2 Zwiebeln
- 200 g Schmand
- 100 g Speck (gewürfelt)
- Pfeffer & Salz
- Muskat

Systemvoraussetzungen:

Windows-Tastatur.

Emulation für Apple-Nutzer (vegetarisch):
[Entf] Speck
[]+[v] Räuchertofu

Dazu passt:

ein „Bit".

[Einfg]: Mehl, 1 TL Salz, Öl, Wasser.
[Tab]
[Druck]: Teig kneten.
[Tab]
[Strg] + [Y] (Wdh. des vorhergehenden Vorgangs).
[Tab]
[Pause / Untbr]: 30 Minuten.
[Tab]
[Entf]: Haut von Zwiebeln.
[Tab]
[Strg] + [8] (verkleinern): Zwiebeln.
[Tab]
[Strg] + [UMSCHALT] + [F]
(Zuweisung der Formatierung „fett“): Schmand
[Tab]
[Einfg]: Salz, Pfeffer, Muskat zu Schmand.
[Tab]
[Einfg]: Backpapier (Firewall!).
[Tab]
[Roll]: Teig auf bemehltem Backpapier, dünn.
[Tab]
[Einfg]: Schmand. Auf Teig streichen.
[Tab]
[Einfg]: Zwiebeln und gewürfelten Speck (verteilen).
[Tab]
[Einfg]: belegten Flammkuchen in Backofen
[Tab]
[Pause / Untbr]: 20 Minuten bei 200 Grad (vorgeheizt).
[Tab]
[Enter]: in Mund und Magen
[Tab]
[Ende]

The American Dream: Toast Hawaii

For four – or four for one:

- 4 Scheiben Toastbrot
- etwas Butter
- 4 Scheiben Ananas aus der Dose
- 4 Scheiben gekochter Schinken
- 4 Scheiben Käse (z. B. Emmentaler)

Explanation:

Alles übereinander legen und im auf 180 Grad vorgeheizten Backofen ca. acht Minuten bräunen, bis der Käse zerlaufen ist.

Side order:

ein Americano

O! say can we taste
by the night's early light,
What so proudly we cooked
at the twilight's last gleaming,
Whose nice odors and scents
through the furnace door,
O'er the heat of the oven,
were so deliciously smelling?

And the slices of bread,
the butter spread on top,
Gave proof through the kitchen
that our meal was still there;
O! say is the ketchup and
cheese yet on top,
O'er the luscious pineapple
and the tasty boiled ham?

No. 155: Shake-(s)pear

For two cocktail glasses full of taste – a shopping list this might be:

- 1 pear (1 weiche Birne)
- 1 vanilla pod (1 Vanilleschote)
- 1 orange (Saft aus 1 Orange)
- 2 teaspoons sugar sirup (2 TL Zuckersirup)
- 200 ml coconut milk (200 ml Kokosnussmilch)
- chocolate sirup (Schokosirup zum Garnieren)
- crushed ice (zerkleinerte Eiswürfel)

Side dish:
156 tiny scones (or less)

Shall I drink thee on a summer's day?
Thou art suitable for every day of year.
First shallst thou peel and cut the pear.
Scrape now the vanilla pod – and aside it lay.

What thou now needst to go ahead
are sugar and water (ratio: three to two).
Let it cook, dissolve, then leave the brew
until the heat has fled.

Now leave the chocolate and crushed ice aside.
But everything else thou shallst purée and mingle well.
O! Sense though this shake, it will be swell!

Add hence the ice and shake the mix again.
The chocolate on top wins it the Prize Nobel.
Now enjoy and bid the shake farewell.

Caesar's Salad

Kaiserliche Zutaten für 4:

- 1 Römersalat
- 5 Roma-Tomaten
- 1 Avocado
- 4 Toastbrotscheiben
- 3 Knoblauchzehen
- 150 g Hähnchenbrust
- 2 Eigelb
- 2 TL Senf
- 2 EL Worcestersoße
- 2 EL Zitronensaft
- 10 EL Öl
- Pfeffer, frisch gemahlen
- Butter
- 100 g Parmesan (50 g grob, 50 g fein geraspelt)

Dazu passt:
Hummer cum laude

Die Zubereitung des klassischen Caesar's Salad in seiner Gesamtheit ist in mehrere Arbeitsschritte geteilt, von denen der eine aus waschen und schneiden besteht, der andere aus raspeln, und weitere aus braten, teilen, pressen und rühren, welche in mancher Küche als aufwändig, in unserer Küche als kinderleicht gelten. Die Zutaten sind alle nach Geschmack, Aussehen und Konsistenz voneinander verschieden.

Die Tomatenviertel trennen vom Schmutz das Wasser und das Küchentuch und voneinander dann das Messer. Von den allen weiteren Zutaten sind auch der Salat und die Avocado die mit am einfachsten zuzubereitenden, deswegen weil sie einzig grob zerteilt bzw. gewaschen werden müssen, sodass sie die für den Salat eigens typische Form annehmen. Aus diesem Grunde werden auch die Weißbrotscheiben in kleine Quadrate geschnitten, weil sie sich in etwas zerlassener Butter, die mit einer gehackten Knoblauchzehe verbunden, in einer Pfanne in Kürze goldbraun gebraten, ideal in das Salatkonzept einfügen. Von ihnen ein Teil, denen, wie gesagt, nun eine knusprige Konsistenz eigen ist, wird dem Salat untergemischt, der andere liegt der Dekoration wegen an Seite.

Der Salat bestehe nun bereits aus Tomaten, Avocado, Römersalat und Croutons. Der Schritt der Fleischbraterei beginnt mit dem Zerteilen der Hähnchenbrust, er erstreckt sich bis in gleichmäßige, dünne Streifen; er verbindet Salz sowie Pfeffer in der heißen Pfanne mit Öl und kulminiert in einem Durchbraten des Fleisches und einem Hinzufügen zum Salat.

Die Dressing-Herstellung erstreckt sich von der Mischung von zwei Eigelben und Senf bis zu zehn EL Olivenöl, und bildet durch stetes Rühren eine Art Mayonnaise. Beim Dressing war bei weitem am ungewöhnlichsten und geschmacksintensivsten die Worcestersoße. Diese, unter weiterem Rühren, vom Verlangen nach dem besonderen

Geschmackserlebnis getrieben, bietet sich für eine Zugabe von 50 g geriebenem Parmesan sowie Zitronensaft und zwei gepressten Zehen Knoblauch an. Nun muss das Dressing mit allen Zutaten, sowie Salz und Pfeffer, sich vereinen, um sich auf dem nun angerichteten Salat auszubreiten. Dies sei nun sehr leicht, da das Dressing gut verrührt war.

Als Dekoration sollen noch 50 g grob geraspelter Parmesan sowie die an Seite verwahrten Croutons auf dem Salat positioniert werden. Wenn der Koch dies alles so tue, werde für ihn und seine Gästeschar dauernde Gunst und Freundschaft mit ihm bestehen.

Küchenlatein

Vokabelliste für 4:

- ¾ l Gemüsebrühe
- 200 g Maisgrieß (Polenta)
- 1 Bund Petersilie
- 600 g Zucchini
- 250 ml Schlagsahne
- 2 Zwiebeln
- 1 Zehe Knoblauch
- 100 g Streukäse (z.B. Gouda)
- 200 g Speckwürfel
- Salz, Pfeffer
- Olivenöl

Dazu passt:
Vinum aus Latium. (rot)

Nom	Die Gemüsebrühe
Gen	des Supermarkts wird
Dat	einem Topf hinzugefügt.
Akk	Die Brühe aufkochen und
Abl	mit der Polenta mischen (10 min quellen lassen).
Nom	Die Petersilie und die Zucchini
Gen	des Gemüsegartens wird
Dat	dem Messer ausgesetzt.
Akk	Diese Zutaten
Abl	durch Schneiden in eine gehackte (Petersilie), bzw. Scheibenform bringen (Zucchini).
Nom	Das Olivenöl
Gen	des Feinkosthändlers wird
Dat	einer Pfanne zugefügt.
Akk	Die zerkleinerten Zwiebeln und den Speck
Abl	jetzt anbraten.
Nom	Die Schlagsahne und die Zucchini
Gen	des zweiten Schritts werden
Dat	dem Gemisch in der Pfanne zugefügt.
Akk	Die Knoblauchzehe dazugeben
Abl	mit der Presse zerkleinert.

Nom	Alle Zutaten
Gen	des Gerichts (Petersilie, Polenta, Zuchini-Gemisch) werden jetzt
Dat	einer Auflaufform einverleibt.
Akk	Das Essen würzen
Abl	mit Salz und Pfeffer.

Nom	Der Auflauf
Gen	des Tages sollte
Dat	dem Käse unterlegt sein.
Akk	Den Auflauf backen
Abl	zuletzt bei 180 Grad für 30 Minuten im Backofen.

WANTED
REWARD: 1802 kcal

Delizia nostra

Gesucht wird:
Das ranghöchste Mitglied der italienischen Schlarafia – der Pizzateig!

Er besteht aus 450 g Weizenmehl, 42 g Hefe, 2-3 EL Olivenöl, 300 ml lauwarmem Wasser und 10 g Salz. Alles wurde bei der letzten Durchsuchung kräftig durchgeknetet. Leider hat man ihn nach dieser Festsetzung zunächst wieder gehen lassen (mind. 30 Minuten). In dieser Ruhezeit ist er deutlich aufgegangen und wirkt nun viel rundlicher als zuvor.

Spielen Sie nicht den Helden, sondern nutzen Sie das Überraschungsmoment, machen Sie ihn platt und überrollen ihn.

Nachdem Sie ihn in Ihre Gewalt gebracht haben und er mindestens 10 Minuten Zeit hatte um sich zu beruhigen (Teig ruhen lassen), bewegen Sie sich im rechtsfreiem Raum: Belegen Sie ihn frei nach Ihren Vorlieben (Tomatensoße, Käse, Zwiebeln, Salami, Champignons usw.) und lassen ihn bei 220 Grad auf Verdacht 15-20 Minuten schmoren.

Genießen Sie ihn danach mit Vorsicht (heiß).

Zutaten für zwei heiße Eisen. (2 Bleche)

Dazu passt:
eine Flasche Nero d'Avola
(Rotwein aus Sizilien)

Crepix und Champignonix

Zutaten für 4 Raufbolde:

Für den Teig: (Römer)
- 250 g Mehlus
- 500 ml Milchus
- 3 Eierus
- 1 Prise Salzus

Für die Füllung: (Gallier)
- 500 g Champignonix, klein geschnitten
- 2 Frühlingszwiebelix, klein geschnitten
- Schnittlauchix, klein geschnitten
- 100 g geriebener Goudaix
- 1/2 Töpfchen Schmandix
- Salzix & Pfefferix

Dazu passt:
ein Zaubertrank

Wir befinden uns 20 Minuten v. Genuss. Die ganzen Zutaten sind in einer Schüssel gut vermischt. Die ganzen Zutaten? Nein! Nur den unbeugsamen Ingredienzien für die Füllung gelingt es zunächst, dem Koch Widerstand zu leisten.

Mehlus, Milchus, Eierus und Salzus bilden eine cremige Kompanie, die vor der Begegnung mit den anderen mindestens eine Stunde benötigt, um sich auszuruhen und vorzubereiten (Crêpeteig ruhen lassen). Nun wollen Champignonix und Frühlingszwiebelix zum Einsatz kommen. Sie sind schon ganz heiß auf das Zusammentreffen mit der Kompanie (in der Pfanne ohne Öl anbraten, salzen, pfeffern und beiseitestellen).

Die spinnen, die Römer! Gut ausgeruht hauen sie sich nun gegenseitig in die Pfanne (Crêpeteig portionsweise mit etwas Öl von beiden Seiten leicht braun backen und auf Teller legen).

Schnittlauchix und Goudaix stürzen sich mit Genuss ins Getümmel. Auch die anderen Zutaten für die Füllung (Champignon-Frühlingszwiebel-Gemisch, mit Schmand vermengt) werfen sich mit Gebrüll auf den auf dem Teller liegenden Teig.

Mhm… was duftet denn da so lecker? Alle halten plötzlich inne. Nach wenigen Momenten steht fest: ein gemeinsames Essen ist besser als Streit. Sie beschließen Frieden zu schließen und gemeinsam zu genießen.

Le parfait dans l'imparfait

Zutaten für 10 perfekte Portionen:

- 100 g Kürbiskerne
- 150 g Zucker
- 200 ml Milch
- 1 Vanilleschote
- 2 Eier
- Kürbiskernöl
- 200 ml Sahne
- 200 g Himbeeren (tiefgekühlt)
- 40 g Puderzucker
- 1 Zimtstange
- 150 ml Orangensaft

Dazu passt:
Café au lait

Das Imparfait, auch die Verlaufsform der Vergangenheit genannt, betont die regelmäßige Wiederholung einer Handlung in der Vergangenheit. Glauben Sie uns – Sie werden dieses Parfait regelmäßig wiederholen!

Die Kürbiskerne rösteten bei mittlerer bis starker Hitze in einer großen Pfanne ohne Öl, bis sie dufteten. Man entnahm sie und schmolz in derselben Pfanne 100 g Zucker zu einer hellbraunen Masse. Nun gab man die Kürbiskerne dazu und karamellisierte alles kurz, sodass der flüssige Zucker die Kerne ummantelte. Auf einem Backblech flach verteilt kühlten sie ab.

Die Milch, zu der man das Mark einer Vanilleschote hinzufügte, kochte unter Rühren auf und blieb auf niedriger Stufe warm. Zwei sehr sorgfältig und sauber vom Eiweiß getrennte Eigelbe schlug der Schneebesen mit 50 g Zucker zu einer cremigen Masse auf. Man fügte löffelweise die Vanillemilch dazu und erhitzte alles unter Rühren bis sie eindickte. Dann füllte man es in einen Messbecher und schlug alles mit dem Rührgerät mindestens 15 Minuten schaumig. Abgedeckt verbrachte die Masse anderthalb Stunden im Kühlschrank.

Die abgekühlten Kürbiskerne zerstieß man in feine Stücke. Nun gab man diese unter die erkaltete Eigelbmasse, fügte zwei EL Kürbiskern-Öl hinzu und hob vorsichtig die steif geschlagene Sahne unter. Im Anschluss füllte man damit eine Kastenform aus, die man zuvor mit Klarsichtfolie auskleidete. Alles überließ man für mindestens sechs Stunden dem Tiefkühlfach.

Kurz bevor man das Parfait servierte, bereitete man den Beerenspiegel zu. Zu diesem Zweck kochte man die Tiefkühlhimbeeren mit 40 g Puderzucker und einer Zimtstange in Orangensaft auf. Die Zimtstange entnahm man wieder, bevor man die Masse anschließend pürierte. Auf dem Beerenspiegel machte sich das Parfait wunderbar! Ein paar frische Minzblätter rundeten die Dekoration ab.

Ein Parfait parfait! Bon appétit!

Don Quiche

Für 4 scharfsinnige Ritter, sinnreiche Junker oder andere (Literatur-)Hungrige:

- 150 g Weizenmehl
- 50 g Vollkornmehl
- 120 g Butter
- 200 g saure Sahne
- 150 g süße Sahne
- 100 g Gouda
- 100 g Schinkenspeck
- 1 Ei
- 200 g Champignons
- 1 Aubergine
- 2 Tomaten
- 1 Zwiebel
- 2 Stangen Lauch
- Weißwein

Dazu passt:
Dulc(in)e(a) de leche

In einem Dorfe von Mancha lebte einst ein Edelmann, der sich einbildete, ein Ritter zu sein. Zu seinem Fräulein hatte er sich die holde Dulcinea auserkoren. Diese stellte ihm eine Aufgabe:

Um ihr Herz zu erobern sollte er ihr beweisen, dass er eine Quiche backen kann. Der arme Don Quiche hatte desgleichen (trotz seines Namens!) noch nie vorher getan; schließlich hatte er eine Haushälterin, die das für ihn besorgte. Da Don Quiche sich aber niemals vor einer Aufgabe drückte, machte er sich auf den Weg zu seinem treuen Sancho Panna und bat ihn um Hilfe. Sancho Panna erklärte sich gutmütig bereit, ihn zu unterstützen. Sie machten sich also zunächst an die Zusammenstellung der Zutaten.

„Wir brauchen Mehl", sagte Don Quiche. „Um genau zu sein 150 g Weizenmehl und 50 g Vollkornmehl." „Dafür müssen wir zur Mühle gehen", meinte sein Gefährte. Don Quiche stöhnte: „Ich habe noch blaue Flecken vom letzten Mal!" Sancho Panna schob ihn vorwärts: „Diesmal müssen wir ja nicht gegen die Flügel reiten; wir gehen einfach durch die Tür."

Beim nächstgelegenen Bauernhof besorgten sie noch 120 g Butter, 200 g saure Sahne, 150 g süße Sahne, 100 g Gouda, 100 g Schinkenspeck, ein Ei sowie ein kleines Säckchen mit Salz. Beim Gemüsehändler kauften sie 200 g Champignons, eine Aubergine, zwei Tomaten, eine Zwiebel und zwei Stangen Lauch. Der Gemüsehändler lachte, als sie ½ Aubergine verlangten. „Da müsst ihr schon eine ganze Aubergine kaufen, halbe Sachen gibt es bei mir nicht!" Don Quiche wurde wütend und wollte den Gemüsehändler sofort zum Duell herausfordern. Sancho Panna hielt ihn aber zurück und flüsterte ihm ins Ohr, dass ½ Aubergine kein Grund wäre, Streit anzufangen. Man könne die andere Hälfte sicher später noch anderweitig gebrauchen.

Nur durch den Gedanken an Dulcinea beruhigte sich der hitzige Don Quiche wieder und sie konnten ihre Einkäufe fortsetzen.

„Nun brauchen wir nur noch vier EL Weißwein", sagte Sancho Panna. „Da gehen wir zum Winzer", erwiderte Don Quiche. „Wir nehmen gleich eine ganze Flasche mit; das passt auch gut als Getränk zu der Quiche." Der Winzer ließ sie einige Weißweine probieren und Don Quiche und Sancho Panna verließen leicht beschwipst die Winzerstube. Auf dem Heimweg sangen sie laut und schwankten Arm in Arm von einer Seite des Weges zur anderen.

In der Küche angekommen rührten sie zunächst 100 g Butter schaumig. Das Mehl sollte gesiebt und langsam untergerührt werden. Don Quiche wollte die Tüte mit dem Mehl öffnen, stellte sich dabei aber so ungeschickt an, dass die Tüte platzte und ein feiner Mehlregen auf sie niederrieselte. Don Quiche und Sancho Panna sahen aus wie Schneemänner und bekamen beide einen langanhaltenden Hustenanfall und im Anschluss auch gleich einen ordentlichen Lachanfall. Zum Glück war noch genügend Mehl in der Tüte übrig geblieben, um die Quiche zu backen.Mit Elan schlug Don Quiche das Ei gegen die Schüssel und bedauerlicherweise landeten nicht nur Eigelb und Eiweiß darin, sondern auch ein Großteil der Eierschalen. Mühevoll klaubte Sancho Panna die Eierschalen aus der Schüssel. Er fügte noch ein bis zwei EL Wasser und eine Prise Salz hinzu und rührte so lange, bis sich alle Zutaten zu einem glatten Teig verbunden hatten.

Den Teig rollte er aus und kleidete die zuvor eingefettete Form damit aus. Sorgfältig zog er den Rand hoch. Don Quiche staunte nicht schlecht: „Das machst du aber nicht zum ersten Mal!" Sancho Panna druckste herum: „Nun ja, manchmal, wenn meine Frau sich um die Kinder kümmert, dann habe ich Küchendienst ...".

Sancho Panna heizte den Backofen auf 200 Grad vor. Dann erhitzte er den gewürfelten Schinkenspeck und die zerkleinerte Zwiebel mit etwas Butter in einer Pfanne. Er fügte den gewürfelten Lauch und die geschnittenen Pilze hinzu und dünstete alles etwa fünf Minuten lang. Er goss den Wein an und würzte mit Salz und Pfeffer. Er wies Don Quiche an, süße und saure Sahne zu vermengen und gab dieses Gemisch ebenfalls hinzu. Zuletzt gab er Tomaten und die zuvor gesalzenen und nach kurzer Ruhezeit dann abgespülten Auberginenwürfel zusammen mit dem geriebenen Käse in die Pfanne. Er ließ alles kurz weiterköcheln und zog dann die Pfanne vom Herd.

„Nun musst du nur noch abschmecken und gegebenenfalls etwas nachwürzen. Dann verteilst du die Gemüsemasse auf dem Teig und lässt alles in ca. 30-40 Minuten knusprig backen. Ich muss jetzt nach Hause zu meiner Frau!" Sancho Panna verschwand. „Danke!" rief ihm Don Quiche noch hinterher. „Hm, was hatte er gleich gesagt? Salzen und dann ab in den Ofen!" murmelte Don Quiche vor sich hin.

Leider vergaß er, die Uhr zu stellen. Er sattelte Rosinante und dachte sich, dass jetzt der richtige

Zeitpunkt wäre, Dulcinea zum Essen abzuholen. In seiner Abwesenheit zogen erst köstliche Gerüche durch die Küche, langsam jedoch wurde der Teig schwarz und das Gemüse verkohlte. Von dem verbrannten Geruch wurden die Haushälterin und die Nichte von Don Quiche angelockt und entdeckten die Bescherung. Sie beratschlagten, was nun zu tun sei. Sie fanden das Rezept und beeilten sich, eine neue Quiche zu backen, um Don Quiche die Enttäuschung zu ersparen. Gerade rechtzeitig zur Ankunft von Don Quiche und Dulcinea war die Quiche fertig. Das verliebte Paar verbrachte einen schönen Abend zusammen und Dulcinea lobte die Quiche sehr.

So eroberte Don Quiche am Ende doch noch seine Dulcinea: „Du bist mein Don Quiche!" hauchte sie ihm schmatzend ins Ohr.

Action Cooking: Jackson's Pollo

Folgende Farben stehen für 2 Koch-Kunst-Kenner zur Verfügung:

- Rosé: 2 Hähnchenschenkel
- Orange: 3 Möhren
- Lila: 1 Zwiebel
- Weiß: 1 Zwiebel, 2 Knoblauchzehen, Salz
- Gelb-braun gesprenkelt: 4 Kartoffeln
- Durchsichtig: 1/2 Tasse Wasser
- Rot: 2 Paprikaschoten, Paprikapulver edelsüß
- Zwei Grüntöne: Thymian, Rosmarin
- Schwarz: Pfeffer
- Gold: 5 EL Öl, Honig
- Gelb: 1/2 Zitrone

Dazu passen:
BratkARToffeln

Nutzen Sie als Unterlage für Ihr Kunstwerk einen Bräter. Einzige Vorgabe: Reiben Sie zunächst das Hühnchen dynamisch mit Öl ein. Mischen Sie das Wasser mit Rosmarin, Thymian und Pfeffer und übergießen die Hähnchenschenkel schwungvoll damit. Keine weiteren Vorgaben!

Kombinieren Sie die übrigen Farben nach Wunsch. Machen Sie frei Gebrauch von den Techniken: Zerkleinern, Zerteilen, Würfeln, Stifte(l)n, Würzen, Schälen, Besprenkeln, Benetzen, Schütten, (Ab)Tropfen, Dripping, Spritzen, Werfen. Sie müssen nicht alle Zutaten verwenden – nur die, die Sie heute anlachen.

Und – Action!

Wenn Sie mit Ihrem Werk zufrieden sind, sollte das Kunstwerk im vorgeheizten Backofen bei 200 Grad gebrannt werden. Manche Farben werden sich beim Trockenvorgang noch verändern – die Haut des Hähnchens könnte z. B. dunkelbraun werden. Das ist bei dieser Art Koch-Kunst normal. Nach ca. 60 Minuten können Sie Ihr Werk der Öffentlichkeit präsentieren.

Dada – fertig!

Stillleben mit Kürbis: Eine einzigartige Ma(h)lweise

Zutaten, wie gemalt, für 4 stille Genießer mit Stil:

- 1 Hokkaido
- 2 Kartoffeln
- 2 Möhren
- etwas Ingwer
- 1 Liter Gemüsebrühe
- Salz
- Pfeffer
- 2 Knoblauchzehen
- 2 Zwiebeln

Dazu passt:
ein stilles Wasser

Das auf der rechten Seite dargestellte Bild stammt aus dem Nachlass einer alteingesessenen Gastronomen-Familie. Kunsthistoriker untersuchten es intensiv auf die typischen Merkmale der Stillleben, konnten aber kaum Parallelen zu den Klassikern dieses Genres feststellen.

Heute gilt es als bewiesen, dass es keine religiöse Symbolik beinhaltet, sondern vielmehr die Überlieferung eines köstlichen Kürbissuppenrezepts darstellt.

Das Gemüse, den Knoblauch und ein Stück Ingwer geschält, zerkleinert, ggf. entkernt und scharf angebraten, anschließend in Gemüsebrühe eine dreiviertel Stunde geköchelt, püriert und mit den dargestellten Gewürzen abgeschmeckt, ergeben einen Gaumenschmaus, der uns fast vorenthalten geblieben wäre, wenn man nicht versehentlich einen Kunstkenner eingeladen hätte, der sich gar nicht auf Malerei verstand, sondern auf die Kunst des Kochens.

Gemüse
13:45 1917

Big-Band-Nudeln: eine Aufwärmübung in C-Dur

Für ein hungriges Duett oder Terzett.

- 100 ml Chardonnay
- 300 g Bandnudeln
- 1 Knoblauchzehe
- 2 kleine Zwiebeln
- 200 ml Sahne
- 150 ml Gemüsebrühe
- 1 Stück Butter
- getrockneter Thymian (etwa 6 TL), ggf. 2 Zweige frischer Thymian
- 50 g Parmesan
- 8 Kirschtomaten

Dazu passt:
eine Sektflöte

Chardonnay (100 ml), Bandnudeln (300 g), Knoblauchzehe (1), kleine Zwiebeln (2), Sahne (200 ml), Gemüsebrühe (150 ml), Butter (1 Stück), getrockneter Thymian (etwa 6 TL), ggf. 2 Zweige frischer Thymian, Parmesan (50 g, gerieben), Kirschtomaten (8)

Die Knoblauchzehe und die Zwiebeln klein schneiden und mit dem Thymian in Butter mit einer Prise Zucker in einer Pfanne mit hohem Rand andünsten

Ergänzen Sie die Soße mit Sahne und Gemüsebrühe

Fügen Sie den Chardonnay hinzu und lassen die Soße ca. 10 Minuten auf niedriger Stufe einköcheln

Garen Sie einstweilen die Bandnudeln nach Packungsanleitung in kochendem Salzwasser

Akkordarbeit: Schmecken Sie die Soße mit Salz, Pfeffer und ggf. frischem Thymian ab, und pürieren Sie sie dann. Den Parmesan und die gewaschenen und halbierten Tomaten dazugeben und weitere 5 Minuten einköcheln

Hunger? Nur noch die Nudeln abgießen und die Soße darüber geben

Chapeau! Nach dieser Aufwärmübung können Sie die Stimmgabel zücken und die Sinfonie der Sinne kann beginnen!

Handkäse mit Musik

Prelude für 4.

Dazu passen:
feine Fruchtnoten im Glas

Hast du, hast du Hun-ger,
Ess-en vertreibt Kum-mer.
Kau-fe gute Sachen ein,
hundert Milliliter Apfelwein,
Essig (50 ml) und Kümmel
Zwiebel (1) und Pfeffer
Handkäs (200 g) und Brot
Kauf' wenn möglich im Angebot.

Schneide, schneide nu-un,
du darfst noch nicht ru-h'n
Willst du gutes Essen machen,
dann zerkleiner diese Sachen
Handkäs und Zwiebel
Kurz und klein
Winzig und fein
Misch es mit dem Apfelwein.

Würze, würze je-tzt
Kümmel und Pfeffer geschä-hätzt.
Gleich hast du es schon geschafft,
wenn du jetzt noch folgendes machst:
Essig dazu
Alles vermischt
Zwei Stunden zieh'n
Servier's mit Brot – zum Niederknien!

Fabel(-)haftes Katerfrühstück

Zutaten für 3 große Denker (und Esser) – bitte ethisch korrekt einkaufen:

- 3 Zucchini
- 125 g Ziegenkäse
- je 1/2 Bund Bärlauch und Petersilie
- 125 g Crème fraîche
- 1 kleine Zwiebel
- 75 g Gouda
- Salz
- Pfeffer

Dazu passt:
ein halbvolles
oder halbleeres Glas

An einem Morgen hing der Kater nach einer langen durchzechten Nacht wieder einmal in den Seilen. Er fühlte sich elendig. Nach einem kurzen Nickerchen trottete er zu seinen Freunden, der Ziege und dem Bär, um diese um Rat zu fragen, was ihm in seinem Zustand helfen könnte.

„Mensch, Kater, wie siehst du denn wieder aus?", fragte der Bär, „hast du dir gestern schon wieder die Nacht um die Ohren geschlagen?" – „Ich fühle mich in der Tat so, wie ich aussehe" erwiderte der Kater, „habt ihr vielleicht einen Tipp, was gegen einen Kater helfen könnte?" „Wie?", fragte die Ziege entsetzt, „du willst von uns einen Tipp, was gegen dich helfen könnte???". „Nein, liebe Ziege", entgegnete der Bär ruhig, „er möchte von uns einen Rat, was dagegen hilft, wenn man zu viel getrunken hat." „Ach so!", die Ziege verstand nun, was gemeint war, „das ist doch ganz einfach! Meine Familie benutzt seit vielen Generationen Ziegenkäse dagegen." „Ziegenkäse?", der Bär stutzte, „bei uns schwören wir auf Bärlauch! Das hilft garantiert!".

„Bärlauch oder Ziegenkäse, was denn nun?", stöhnte der Kater, während er sich an den Kopf fasste. „Wir kennen uns schon so viele Jahre, da solltest du wissen, wem du mehr Glauben schenken kannst", sagte die Ziege schnippisch. „Du dumme Gans, was hat das denn damit zu tun, wen ich länger kenne? Ich brauche etwas gegen meine Kopfschmerzen, und zwar sofort! Woher soll ich wissen, wer von euch beiden Recht hat?" „Wenn du es mit dem Bärlauch zuerst probierst", meckerte die Ziege, „sind wir die längste Zeit Freunde gewesen. Ich versichere dir, dass Ziegenkäse am allerbesten in solchen Fällen hilft." „Wie kannst du mich so unter Druck setzen? Dann werde ich es erst recht zuerst mit dem Bärlauch probieren!", schnaubte der Kater.

„Immer langsam mit den jungen Pferden ihr beiden! Wir wollen uns doch wegen einer solchen Lappalie nicht in die Haare kriegen", mischte sich der Bär gerade noch rechtzeitig ein. „Wie wäre es, wenn wir dir ein Gericht mit Bärlauch UND Ziegenkäse zubereiten würden? So kannst du von zwei Familiengeheimnissen gleichzeitig profitieren."

Widerstrebend stimmten der Kater und die Ziege zu und waren insgeheim froh, sich nicht weiter streiten zu müssen. Gemeinsam besorgten sie nun die Zutaten (wobei der Kater den Einkauf auf dem Rücken des Bären verschlief). Wieder zu Hause begannen sie mit der Zubereitung des Gerichts (wobei der Kater auch hier keine große Hilfe war). Der Bär und die Ziege wuschen und halbierten die Zucchini. Die Kerne entfernten sie mit einem Löffel, so dass sechs Zucchinischiffchen entstanden.

„Übernimm du es, die Zwiebel klein zu schneiden und anzurösten, Bär, ja? Ich möchte nicht, dass meine Schminke verläuft", bat die Ziege, „dafür zerdrücke ich den Ziegenkäse mit der Crème fraîche und schneide Bärlauch und Petersilie klein." „Aber schneide den Bärlauch ganz fein, hörst du?

Das ist wichtig!“ Nachdem beide mit ihren Aufgaben fertig waren, vermengten sie die Zwiebel und die Kräuter mit der Crème fraîche-Masse, gaben Salz und Pfeffer dazu und befüllten damit die Zucchinischiffe. „Vergesst nicht, den Gouda drüber zu streuen, bevor ihr das Essen in den Ofen gebt“, maulte der Kater überraschend aus seiner Ecke, „das ist zwar kein Kater-Familiengeheimnis, aber ich fresse einen Besen, wenn das nicht genial schmeckt!“

Während der folgenden 40 Minuten, die die Zucchini im vorgeheizten Ofen bei 200 Grad backten, war der Kater wieder verstummt. Die Ziege deckte den Tisch und der Bär weckte anschließend vorsichtig den Kater: „Komm, Katerchen, setz dich zu uns. Das Essen ist angerichtet.“ Die drei saßen nun zusammen, verzehrten zufrieden das Essen, waren sich einig, dass es vorzüglich schmeckte und der Kater bestätigte auch, dass er die Wirkung bereits spüren würde.

Insgeheim waren sie alle froh, dass niemand den Streit vom Morgen mehr erwähnte.

Gegen die reine Vernunft: Erdbeertiramisu mit KroKant

Was is(s)t der Mensch? Stelle a priori bereit: (Für 10 vernünftige oder 5 ganz unvernünftige Esser)

- 3 Eier
- 50 g Zucker
- 250 g Mascarpone
- Abrieb einer Bio-Zitrone
- Saft einer Zitrone
- 60 g Puderzucker
- 200 g Löffelbiskuits
- 4 Espressi
- 5 cl Kaffeelikör
- Kakaopulver
- 750 g Erdbeeren
- 1 EL Butter
- 1 EL Zucker
- 100 g Mandelblättchen

Koche nur mit denjenigen Zutaten, durch die du zugleich wollen kannst, dass sie der Allgemeinheit schmecken.

Dazu passen:
zerbröselte Kant-uccini

Was sollst du tun? Handle so, dass du in einer beschichteten Pfanne 1 EL Butter erhitzt, 1 EL Zucker hineinstreust und diesen karamellisieren lässt. Rühre dann 100 g Mandelblättchen unter und lasse sie in der Zuckermasse karamellisieren, bis sie leicht braun werden. Lasse die Mandeln erkalten.
Behandle das Essen so, wie du selbst behandelt werden willst: Wasche die Erdbeeren daher gründlich. Schneide dann etwa 400 g in Würfel. Mische diese mit dem Saft der Zitrone und 50 g Puderzucker.
A posteriori: Püriere alles zu einer cremigen Masse. Schneide die übrigen Erdbeeren in Scheiben und lege sie beiseite.
Handle so, dass du die Eier trennst. Schlage das Eiweiß steif und lasse dabei die Hälfte des Zuckers einrieseln. Schlage danach das Eigelb mit dem restlichen Zucker cremig.
Nun kommen wir der **Theorie des Himmels** schon etwas näher: Mische die Mascarpone mit dem Abrieb einer Zitrone unter das Eigelb. Hebe anschließend den Eischnee darunter.In diesem Rezept wird das **allgemeingültige Prinzip der Sättigung** seine Anwendung finden: Gib die Hälfte der Löffelbiskuits in eine geeignete Form und gieße die Espressi und den Likör darüber. Streiche die Hälfte der Mascarponemasse über das Biskuit.
Habe Mut, dich deines eigenen Verstandes zu bedienen: Schichte die Erdbeermasse, die restliche Mascarpone, die Löffelbiskuits und die geschnittenen Erdbeeren nach eigener Vorliebe. Streue zuletzt den **KroKant** darüber und stelle alles für 3 Stunden in den Kühlschrank. Für die **Ästhetik** empfehlen wir das Tiramisu vor dem Servieren noch kräftig mit Kakaopulver zu bestreuen.Leider müssen wir an dieser Stelle **Aufklärung** betreiben: **der Mensch ist zwar vernunftbegabt,** aber hier sollte man auf das Kalorienzählen verzichten!

Dieses Rezept ist **ohne Einschränkung** lecker.

Förderplan Wackelpeter

Zutaten zur zielorientierten Vorbereitung für 10 ungeduldige Schleckermäuler:

- 2 Äpfel
- 10 Blatt Gelatine
- 1 Prise Zimt
- 5 EL Zucker
- 1 Liter Cranberrysaft
- Vanillesoße
- 50 g Mandelstifte

Dazu passt:
ein binnendifferenziertes Besteckangebot (z.B. kleine Löffel, große Löffel, Kinderlöffel, Plastiklöffel, Löffelbiskuit u.ä.)

Förderbereich	Ist-Stand	Fördermaßnahmen
Bindungsfähigkeit	Wackelpeter hat Schwierigkeiten soziale Kontakte zu knüpfen bzw. emotionale Nähe zuzulassen.	- Gemeinsame Aktivitäten zur Stärkung der zwischenmenschlichen Beziehung, z. B. gemeinschaftliches Kochen oder Backen. - Verbindende Erfolgserlebnisse schaffen. - Regelmäßige Reflektion mit gemeinsamer Zielsetzung.
Organisation	Wackelpeter fällt es schwer, Ordnung zu halten. Seine Utensilien liegen häufig unsortiert auf der Arbeitsfläche herum.	- Klare, zeitliche Vorgaben zum Arbeitsbeginn. - Beim Sortieren / Beschaffen der Utensilien unterstützend eingreifen.

Förderbereich	Ist-Stand	Fördermaßnahmen
Zielorientierte Vorbereitung	Wackelpeters Fähigkeit, sich Dinge, z. B. Zutaten für ein Gericht, über einen längeren Zeitraum zu merken, ist stark eingeschränkt. Es bereitet ihm große Schwierigkeiten ruhig und angemessen zu reagieren, wenn er darauf hingewiesen wird / ihm dies bewusst wird.	- Spielerische Gedächtnisübungen. - Problem nicht zu häufig und explizit thematisieren. - Angaben klar strukturiert mit ihm gemeinsam schriftlich fixieren, in etwa wie in der nebenstehenden Spalte vermerkt („Zutaten“). - Die Aufgabenstellungen sollten nicht zu komplex sein, deshalb werden Teilaufgaben entlastet (durch z. B. genussfertige Vanillesoße aus dem Supermarkt).
Konzentrationsfähigkeit	Nicht immer fällt es Wackelpeter leicht, bei neuen Aufgaben einen kühlen Kopf zu bewahren. Er fühlt sich schnell überhitzt und läuft in diesen Situationen Gefahr, überschäumend zu reagieren. In diesen Momenten kann Wackelpeter seine Energie nur schwerlich kontrollieren und neigt zu nervösem Auf- und Abwippen.	- Kleinschrittige Begleitung der Aufgabe (Gelatine in kaltem Wasser einweichen). - Verhindern, dass der Wackelpeter überkocht, indem man sich ihm aufmerksam zuwendet (Cranberrysaft erwärmen, nicht kochen lassen). - Eine Alternative bieten, durch die er seine überschüssige Energie konstruktiv nutzen kann, z. B. Gelatine ausdrücken. - Gleichbleibende, beruhigende Bewegungen mit Wackelpeter wiederholen, z. B. das gleichförmige Unterrühren der Gelatine in den Cranberrysaft, bis sie sich aufgelöst hat; oder das anschließende, bedachte Umfüllen der Mischung in eine passende Schüssel.

Förderbereich	Ist-Stand	Fördermaßnahmen
Geduld	Aufgaben, die Ausdauer und Geduld erfordern, stellen für Wackelpeter eine große Herausforderung dar. Seine Ungeduld äußert sich meist in unkontrolliertem Kippeln.	- Anleitung zu meditativen Übungen, z. B. aus dem Yoga. - Alternativen aufzeigen, wie die Wartezeit produktiv überbrückt werden kann. (Während die Schüssel mind. 3 h im Kühlschrank ruht, mit der Zubereitung fortfahren).
Arbeitsverhalten	Wackelpeter arbeitet streckenweise sehr konzentriert, wenn ihn die Aufgabenstellung interessiert. Seine Motivation und sein Arbeitsverhalten sind jedoch sehr tagesformabhängig.	- Analyse der Bedingungen der „Motivationsschübe". - Überschaubare Aufgabenstellungen, die dann jedoch gewissenhaft bearbeitet werden sollen, z. B. Äpfel in kleine Stifte zu schneiden oder Mandeln ohne Öl in einer Pfanne anzurösten. - Gemeinsame Reflexion seines Arbeitsverhaltens. - Häufige Motivation und Ansprache.
Kreativität	Im Bereich Kreativität gehört Wackelpeter zu den Besten. Beim Dekorieren und Anrichten kann er sich nach Belieben ausleben. Das Ergebnis sieht in der Regel sehr ansprechend aus. Wenn Wackelpeter sein Ergebnis zusagt, teilt er allerdings ungern mit anderen.	- Wackelpeter eine Art „Expertenrolle" zuweisen, sodass er seine kreativen Fähigkeiten (und dann ggf. auch das Endprodukt) mit anderen teilt, z. B. den mit Apfelstiften, Zimt, Mandeln und Vanillesoße angerichteten Wackelpudding. - Ihm die Portionierung überlassen, die anderen Schüler dürfen auswählen (so hat er nicht das Gefühl, ungerecht behandelt zu werden, sondern kann das Aufteilen kontrollieren).

Fingerfood für Lehrerkonferenzen

Die nächste Konferenz steht an und ein Blick auf die Tagesordnung lässt erahnen, dass es wieder länger dauern wird. Und dass das Schul-Budget nicht für Verpflegung reicht, steht sowieso außer Frage. Nun können Sie wieder unter Beweis stellen, dass außerschulisches Engagement für Sie weit mehr ist als eine Notiz in Ihrer dienstlichen Beurteilung.

Die folgenden Fingerfood-Rezepte eignen sich hervorragend für das Konferenzbuffet: sie sind einfach zubereitet, außerordentlich lecker und haben darüber hinaus jedes seine eigene kleine, nützliche (Neben-)Wirkung.

a) Wachhalter

Sie befürchten, dass sich die nächste Konferenz wieder unnötig in die Länge ziehen wird? Unterstützen Sie Ihre Kollegen in dem Versuch, konzentriert zu bleiben und bringen Sie die Wachhalter-Mandeln mit. Bereiten Sie einen Espresso (ca. 50 ml) vor und geben Sie diesen mit 50 ml Wasser sowie 100 g Zucker in eine beschichtete Pfanne. Erwärmen Sie die Zutaten unter Rühren. Geben Sie 200 g ungeschälte Mandeln und zwei EL Kakaopulver hinzu und lassen die Flüssigkeit unter ständigem Rühren verkochen. Der Zucker sieht zunächst trocken aus, legt sich aber dann wie ein flüssiger Mantel um die Mandeln. Verteilen Sie die Mandeln auf einem Backblech, sodass sie sich möglichst wenig berühren und geben Sie ihnen Zeit abzukühlen.

Passen Sie die Menge je nach Größe des Kollegiums an. Auf süße Träume während der Konferenz müssen Sie heute also leider verzichten.

b) Friede-Freude-Eierkuchen

Für die friedliebenden Geister unter Ihnen, die Streit bei der Konferenz vermeiden wollen, ist dieses Rezept genau das Richtige. Verrühren Sie 400 g Mehl mit 750 ml Milch, einer Prise Salz und drei Eiern zu einem cremigen Teig. Dieser sollte dann für ca. eine Stunde im Kühlschrank ruhen. Bevor Sie den Teig in die mit Butter oder Öl erhitzte Pfanne geben, fügen Sie ihm noch 50 ml Mineralwasser hinzu und rühren dieses unter. Nun backen Sie die Pfannkuchen nacheinander in der heißen Pfanne beidseitig goldbraun. Nach dem Abkühlen bestreichen Sie sie mit Nuss-Nougat-Creme, rollen sie zusammen und schneiden sie in mundgerechte Stücke. Gegebenenfalls sollten sie diese mit Zahnstochern fixieren.

Jetzt müssen Sie und die Kollegen nur noch den Frieden und die Freude beitragen – Eierkuchen haben Sie ja jetzt!

c) Abstandhalter

Sie haben keine Lust darauf, dass Ihnen die Kollegen bei der Konferenz auf die Pelle rücken? Dann ist der Abstandhalter genau das richtige Mitbringsel! Pizzateig von S. 46 zubereiten, ausrollen, 10 Kreise mit einem Durchmesser von ca. 15 cm ausstechen. Fünf Knoblauchzehen zerkleinern und mit 100 g geschmolzener Butter vermengen. Butter-Knoblauch-Mischung in die Mitte der Teigkreise geben, alle Enden hochklappen und die Säckchen oben festdrücken und zudrehen. Im vorgeheizten Backofen bei 200 Grad ca. 20 Minuten backen. Knoblauchsäckchen aus dem Ofen nehmen und salzen. Und auf der Konferenz dann bitte wiederholt tief durchatmen …

d) Weißheit auf Löffeln

Ein Haufen Akademiker – darunter die obligatorischen Besserwisser. Damit Sie und die übrigen Kollegen diesen bei der heutigen Konferenz mit Gelassenheit entgegenblicken können, versorgen Sie alle vorsorglich mit der Weißheit auf Löffeln: Bereiten Sie Milchreis nach Packungsanleitung zu. Richten Sie ihn dann jeweils portionsweise auf Teelöffeln an und geben Sie ein Stück reife Mango, Kokosraspeln und Zimt darüber. Bis zum Verzehr sollten Sie die Löffel kühl lagern. Eine weise Entscheidung!

e) Zeitvertreib

Sie befürchten, dass Sie wieder auf die trödelnden Kollegen warten müssen, bis es endlich losgehen kann? Vertreiben Sie sich die Wartezeit mit einer Blätterteigschnecke und bieten Sie diese auch den anderen pünktlichen Kollegen an.

Rollen Sie eine Packung fertigen Blätterteig aus und bestreichen diesen dünn mit Kräuterfrischkäse. Nun waschen Sie eine Stange Lauch und schneiden sie in Ringe. Zusammen mit 200 g gewürfeltem Speck wird der Lauch nun in der Pfanne angebraten, gesalzen und gepfeffert. Verteilen Sie die erkaltete Masse gleichmäßig auf dem Blätterteig und rollen Sie diesen auf. Schneiden Sie die Blätterteigrolle in etwa 5 cm dicke Scheiben. Nach 15 Minuten im 180 Grad heißen Ofen sind die Häppchen fertig.

Wenn die lahmen Schnecken endlich im Konferenzraum eintrudeln, sind die Blätterteigschnecken wahrscheinlich schon alle weg!

f) Tarnkappen

Sie möchten sich heute maximal im Anforderungsbereich I bewegen? Ihr heutiges Minimalziel ist es, sich in die Anwesenheitsliste einzutragen und danach würden Sie gerne untertauchen? Für diesen Fall empfehlen sichdie Tarnkappen-Muffins. Aber eines vorneweg: Gute Tarnung braucht ein bisschen Vorbereitung ...

Schlagen Sie 200 g Butter mit 200 g Zucker schaumig und geben anschließend vier Eier nacheinander und etwas Salz dazu. Die Masse schlagen Sie erneut schaumig auf.

300 g Mehl, 1 TL Natron, 1 EL Backpulver, 3 EL Kakaopulver, den Abrieb von einer Bio-Zitrone sowie 200 ml reine Buttermilch ebenfalls unterrühren. Geben Sie den Teig in die Muffin-Förmchen und backen Sie sie für etwa 20 Minuten bei 200 Grad im vorgeheizten Ofen – dann beiseite stellen.

Um die Hütchen für die Tarnkappen zu machen, trennen Sie drei Eier. Schlagen Sie anschließend das Eiweiß mit 200 g Puderzucker und ½ TL Backpulver über einem heißen Wasserbad auf, bis sich die Masse vom Volumen her deutlich vergrößert hat und sie die für Marshmallows typische zähe Konsistenz aufweist.

Füllen Sie eine kleine Gefriertüte mit der Masse, schneiden Sie ein Loch in eine Ecke und drücken Sie die Creme nun spiralförmig auf die Muffins, so dass diese kleine „Hütchen" bekommen.

Jeweils 100 g Zartbitter- sowie Vollmilchschokolade über zwei Wasserbädern langsam erhitzen und schmelzen (nicht kochen!). Die Schokolade anschließend tröpfchenweise auf den Muffins verteilen, so dass ein Muster aus heller und dunkler Schokolade entsteht. Durch die weißen Stellen der Creme bekommt man ein schönes Tarnfarbenmuster (wer mag, kann noch mit grünen, geschälten, ungesalzenen Pistazien verzieren).

Diese Tarnkappen-Muffins schmecken nicht nur gut, sondern tarnen Sie auch optimal im Konferenzdschungel!

Diana-Isabel Scheffen

Andrea Tuschka

Andrea Tuschka (*1982) und Diana-Isabel Scheffen (*1985), lernten sich im Studium an der Uni Bonn kennen, wo Sie Anglistik und Germanistik studierten. Sie unterstützten sich gegenseitig beim Lernen und beim Schreiben ihrer Magisterarbeiten – auch damals schon mit kulinarischen Motivationshilfen.

Nach dem Studium lernte Diana in Rom Italienisch und schrieb einen besonderen Stadtführer für ihre Heimatstadt ("Endlich Bonn! Dein Stadtführer!" – rap verlag). Andrea war auf Rucksacktour durch Asien und begann nach diesem Abenteuer als Vertretungslehrerin an der Schule zu arbeiten, an der sie Abitur gemacht hatte.

Als Andreas Schule erneut eine Vertretungslehrkraft suchte, ermutigte sie Diana dazu, sich auf diese Stelle zu bewerben – und schon fanden sich beide beim täglichen Gang zur Tafel wieder.

Inzwischen gehen Diana und Andrea beruflich wieder andere Wege: Andrea arbeitet als Programmdirektorin bei einer Schüleraustauschorganisation, Diana ist als Wissenschaftliche Mitarbeiterin beim Zentrum für Entwicklungsforschung tätig. Das gemeinsame Faible fürs Kochen teilen sie aber immer noch.

Michael Jastrzembski

Michael Jastrzembski (*1973) lebt mit seiner Familie in Bonn. Er arbeitet beim Jugendmigrationsdienst und malt leidenschaftlich gern Aquarell.

Aber Michael ist auch ein sehr guter Koch und unterrichtete mehrere Jahre Deutsch, Geschichte und Mathematik. Die beiden Autorinnen lernte er über eine gemeinsame Freundin kennen. Seine Entscheidung, das Buch zu illustrieren, fiel bereits beim Lesen der ersten Rezepttitel im Inhaltsverzeichnis.

Bislang gewann er mit seinen Bildern insgesamt drei Kunstwettbewerbe bzw. Kunstpreise sowie einen Publikumspreis. Viele seiner Aquarelle sind auf www.bilder-bonn.de zu sehen.

Index

Vorspeisen & Kleinigkeiten

Hauptspeisen

Nachspeisen & Süßes

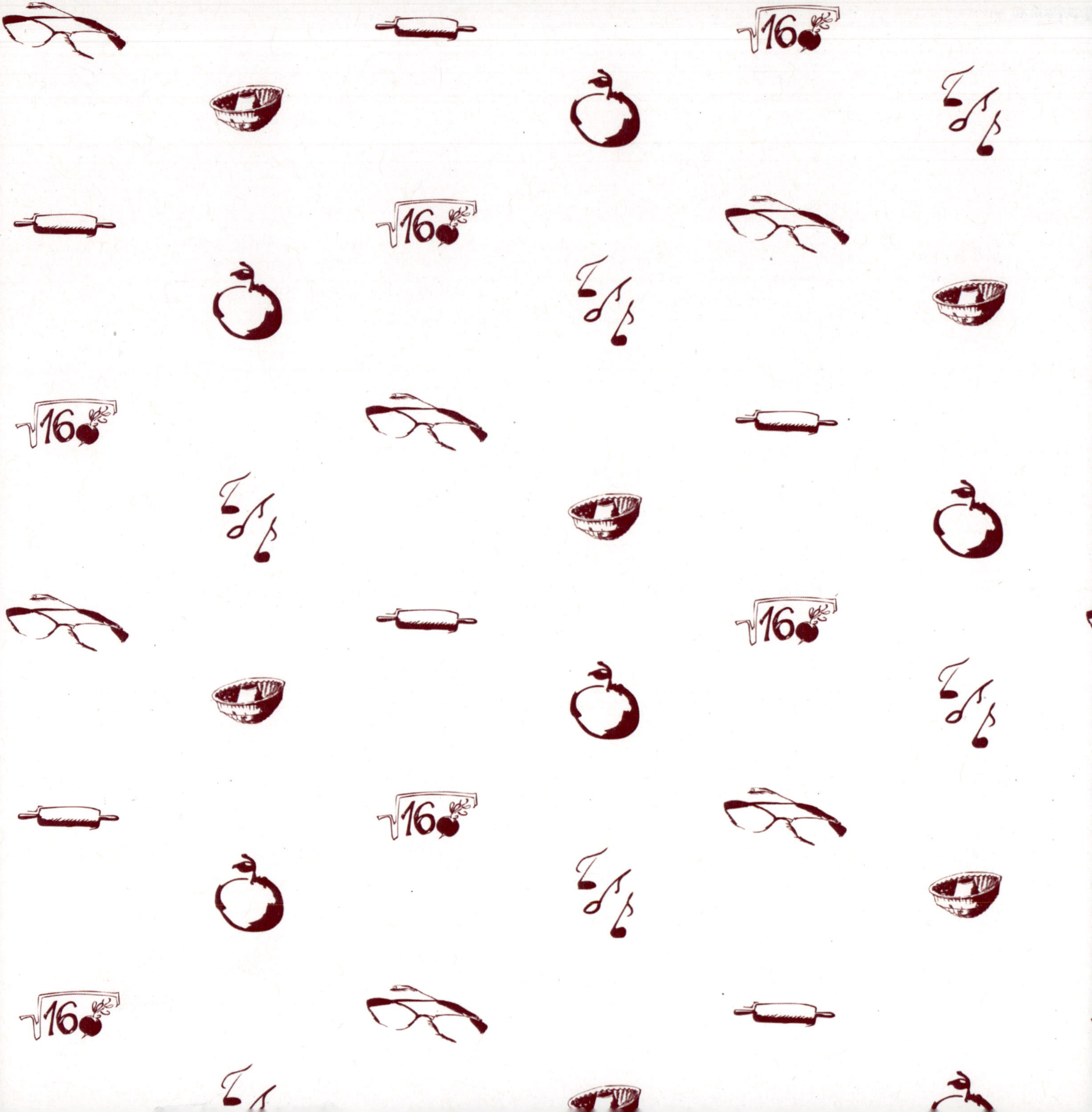